ZEICHNEN LERNEN
101 Monster

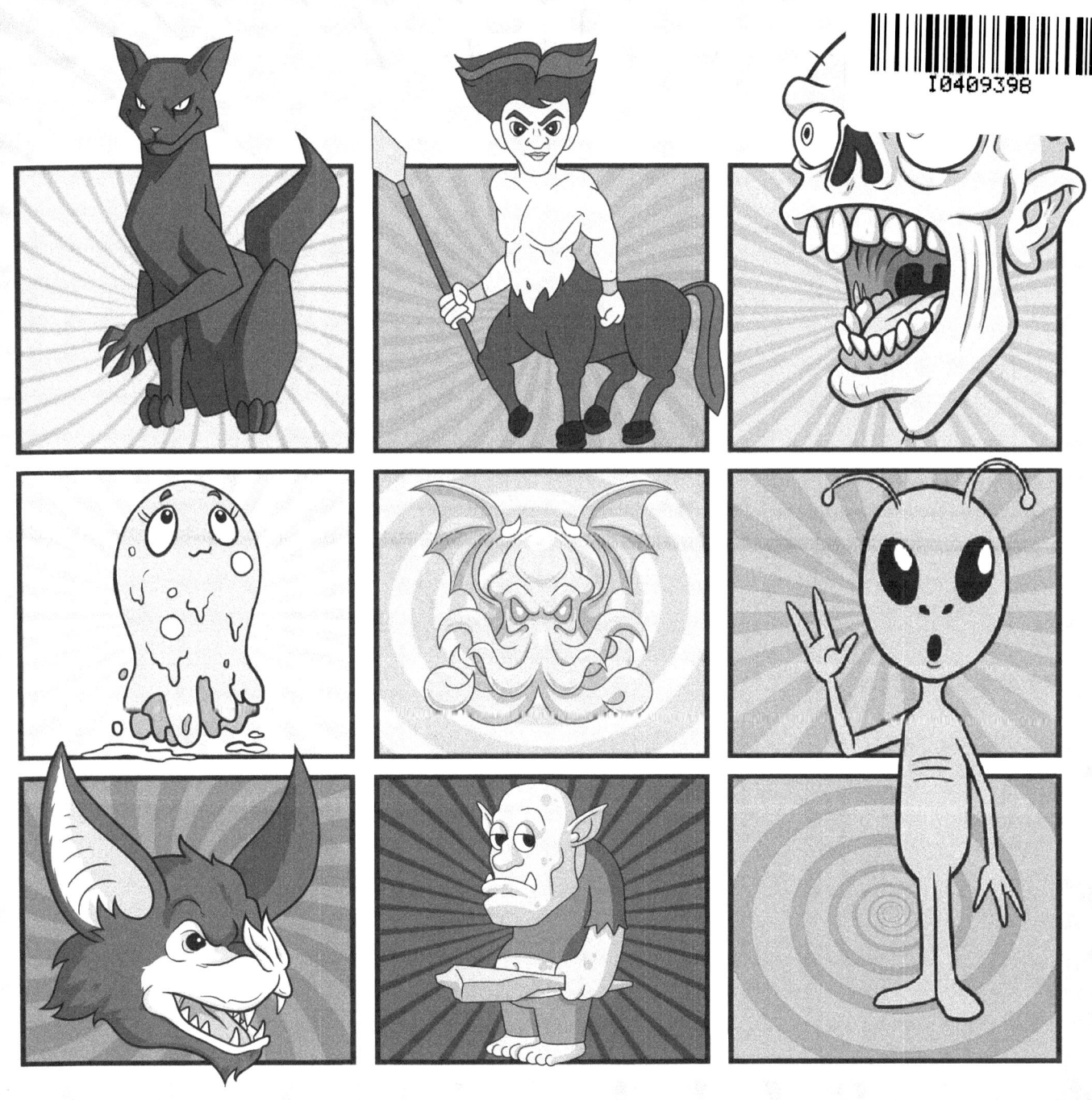

NAKHSA KATSUHITO

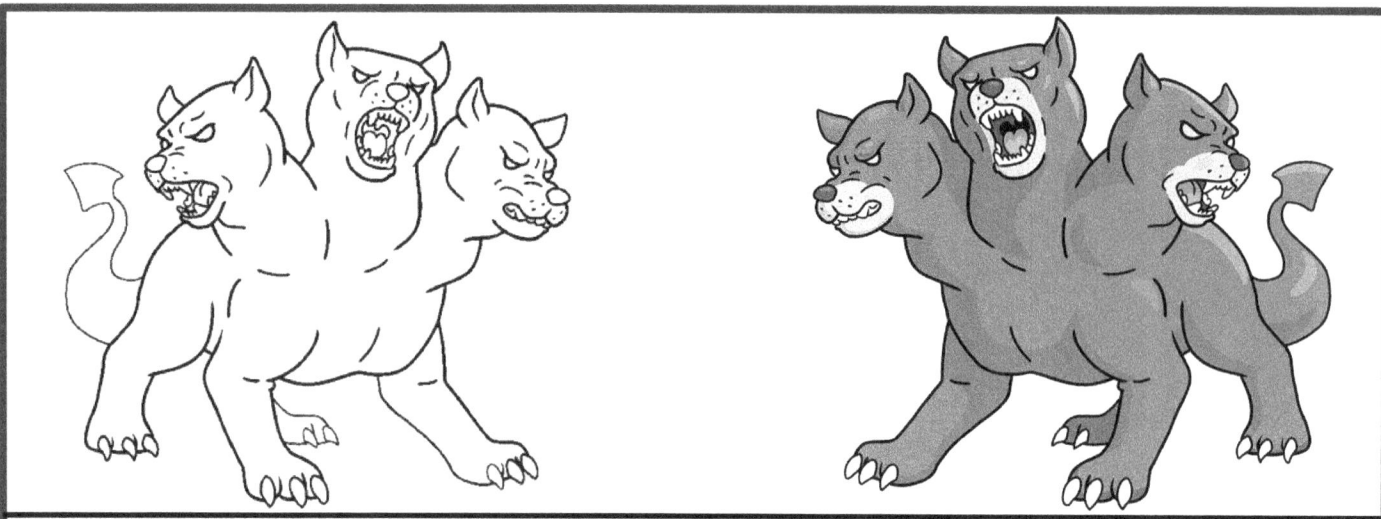

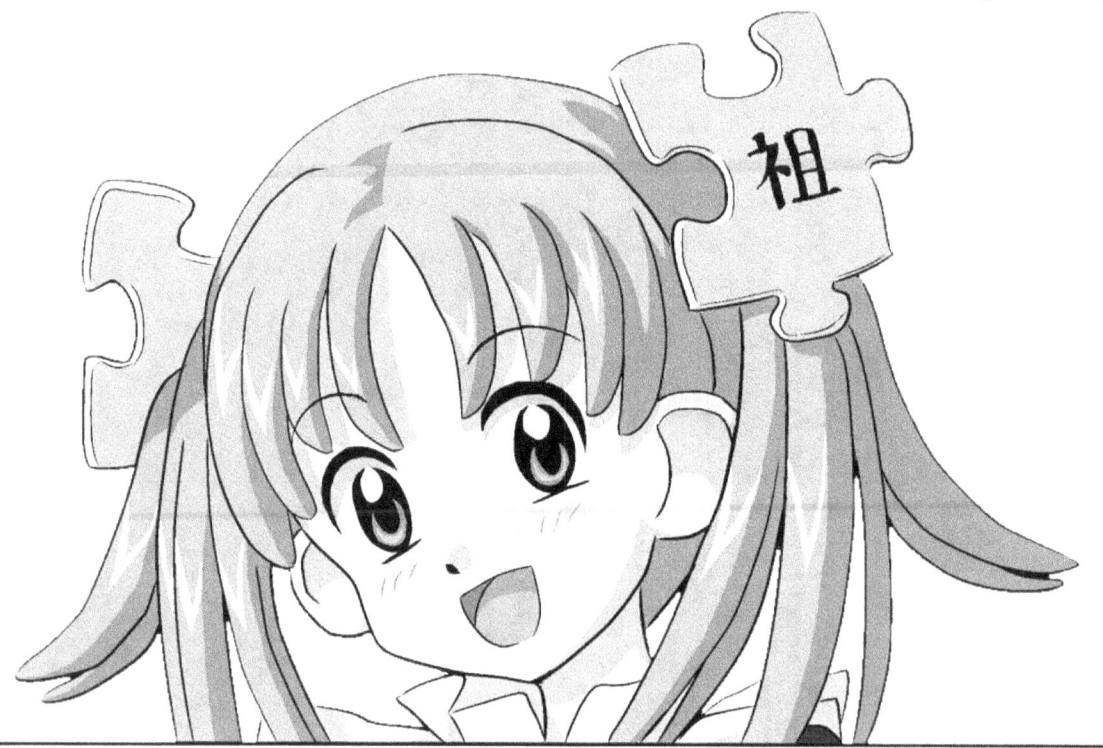

DIESES BUCH GEHÖRT:

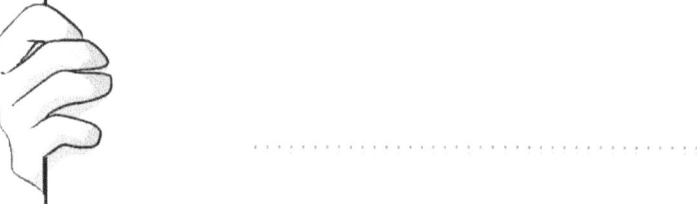

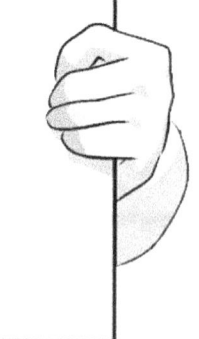

....

....

101 MONSTERS

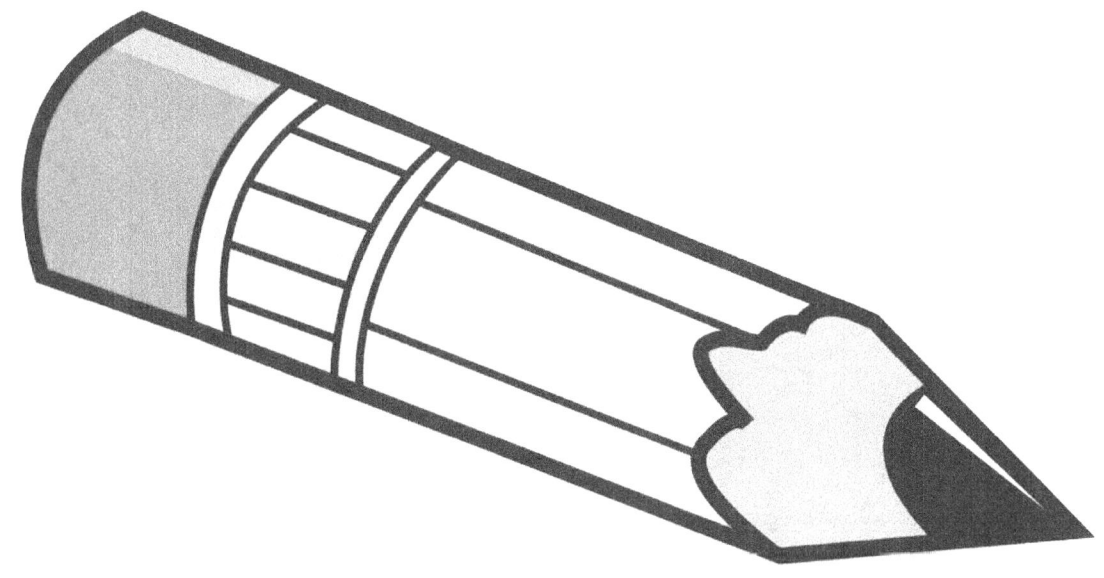

NAKHSA KATSUHITO

ALLES, WAS SIE BRAUCHEN: ZEICHENPAPIER, BLEISTIFTE, RADIERGUMMIS, SPITZER, STIFTE, BUNTSTIFTE UND JEDE MENGE KREATIVITÄT

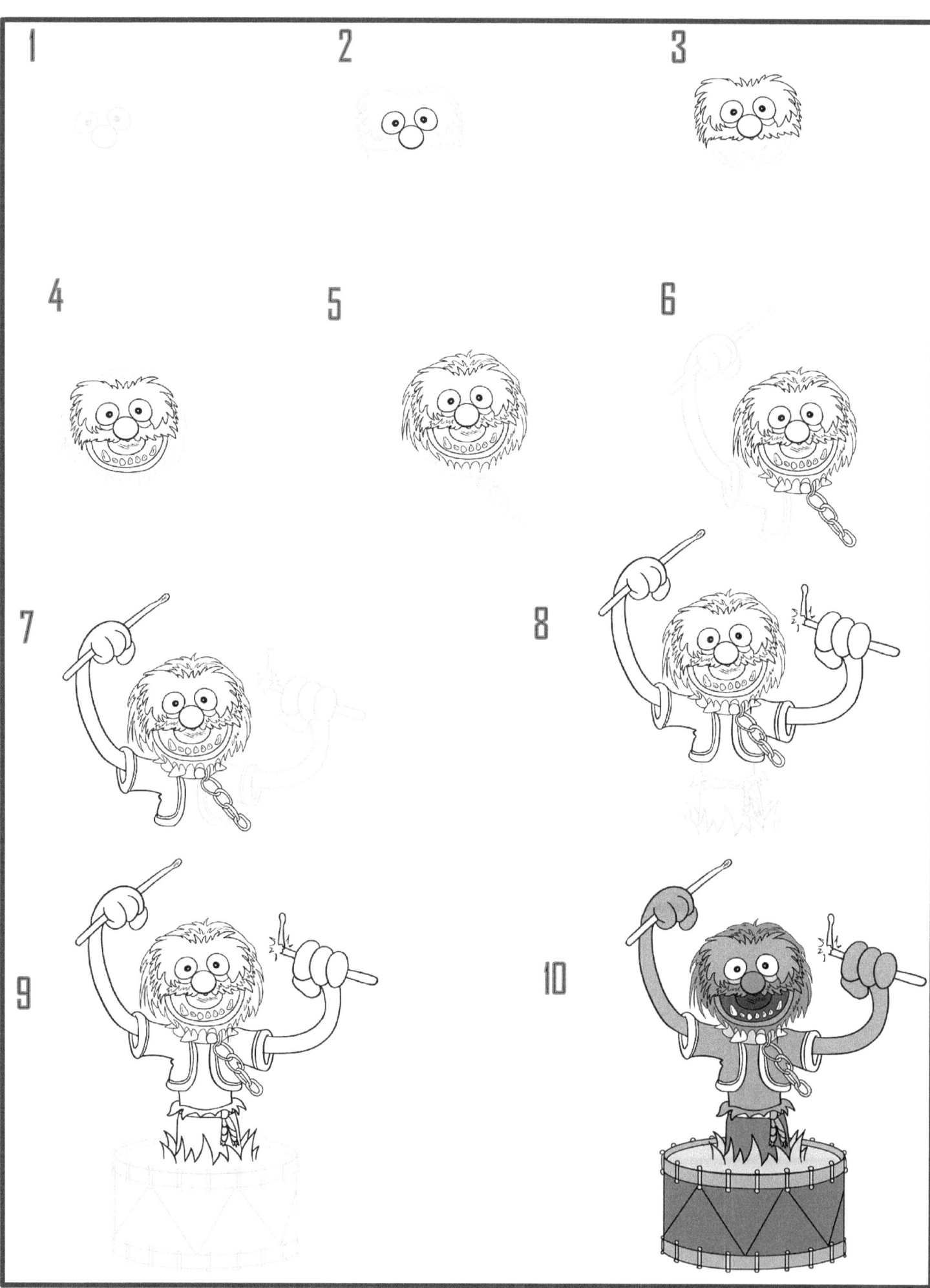

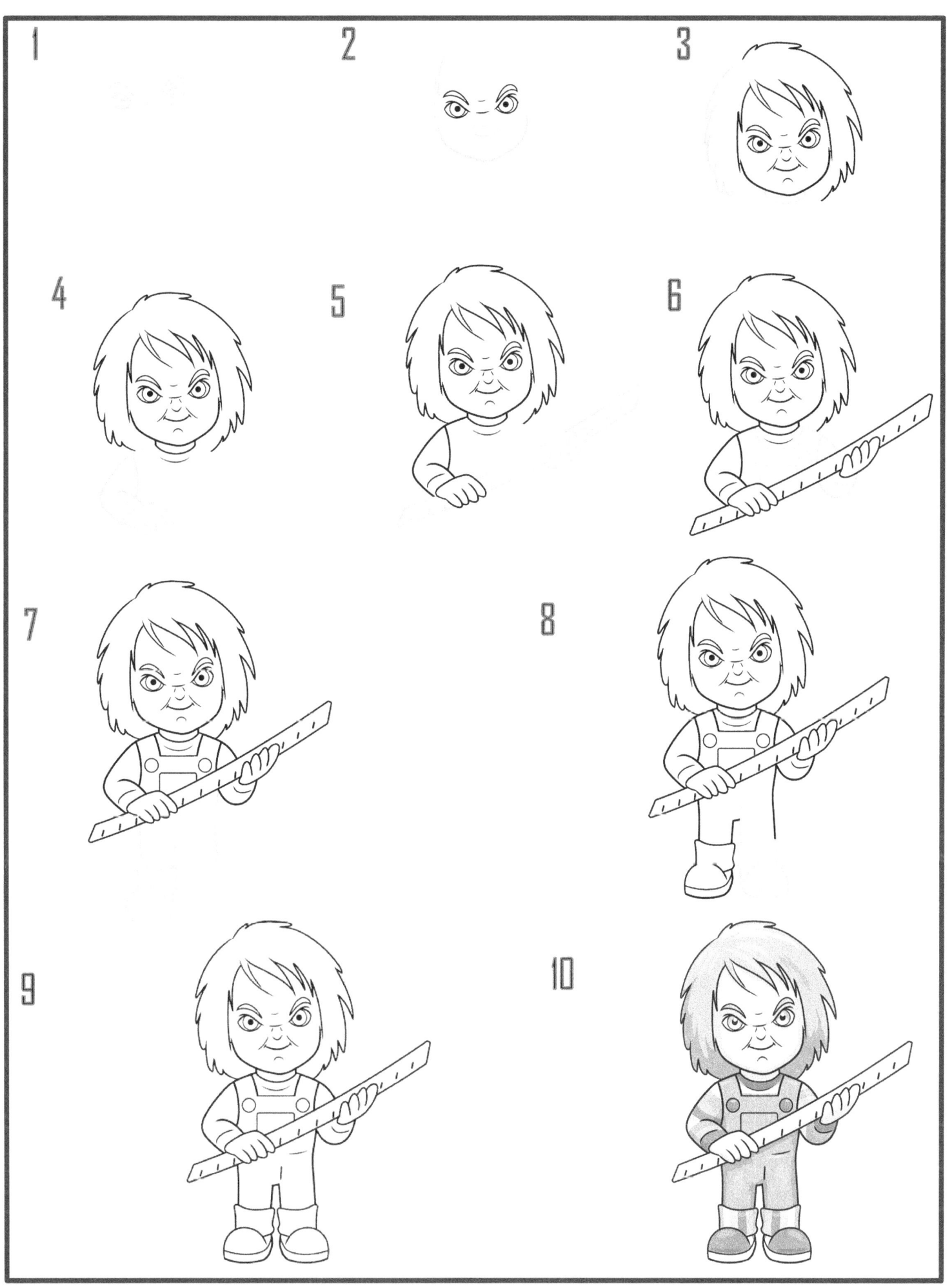

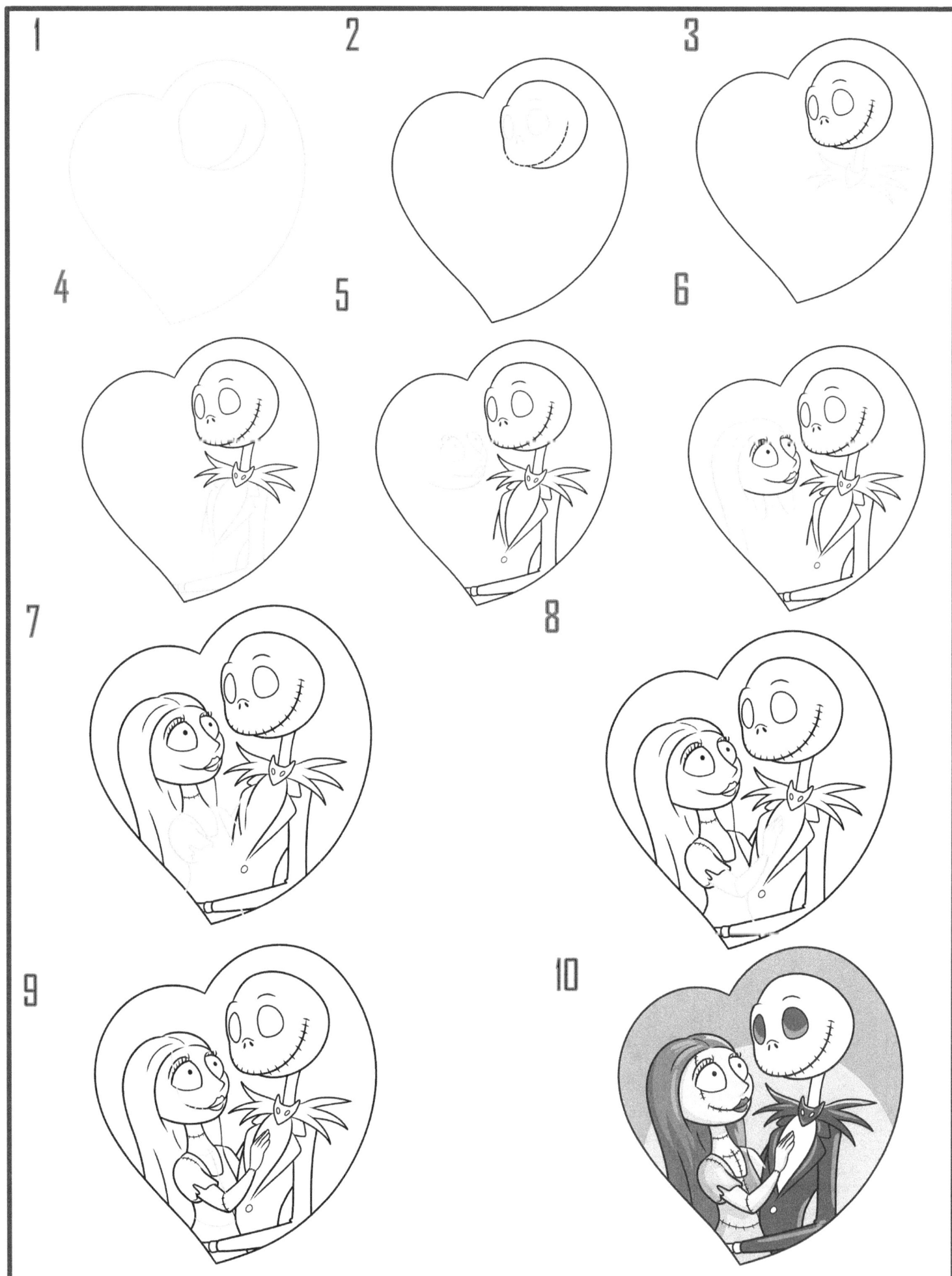

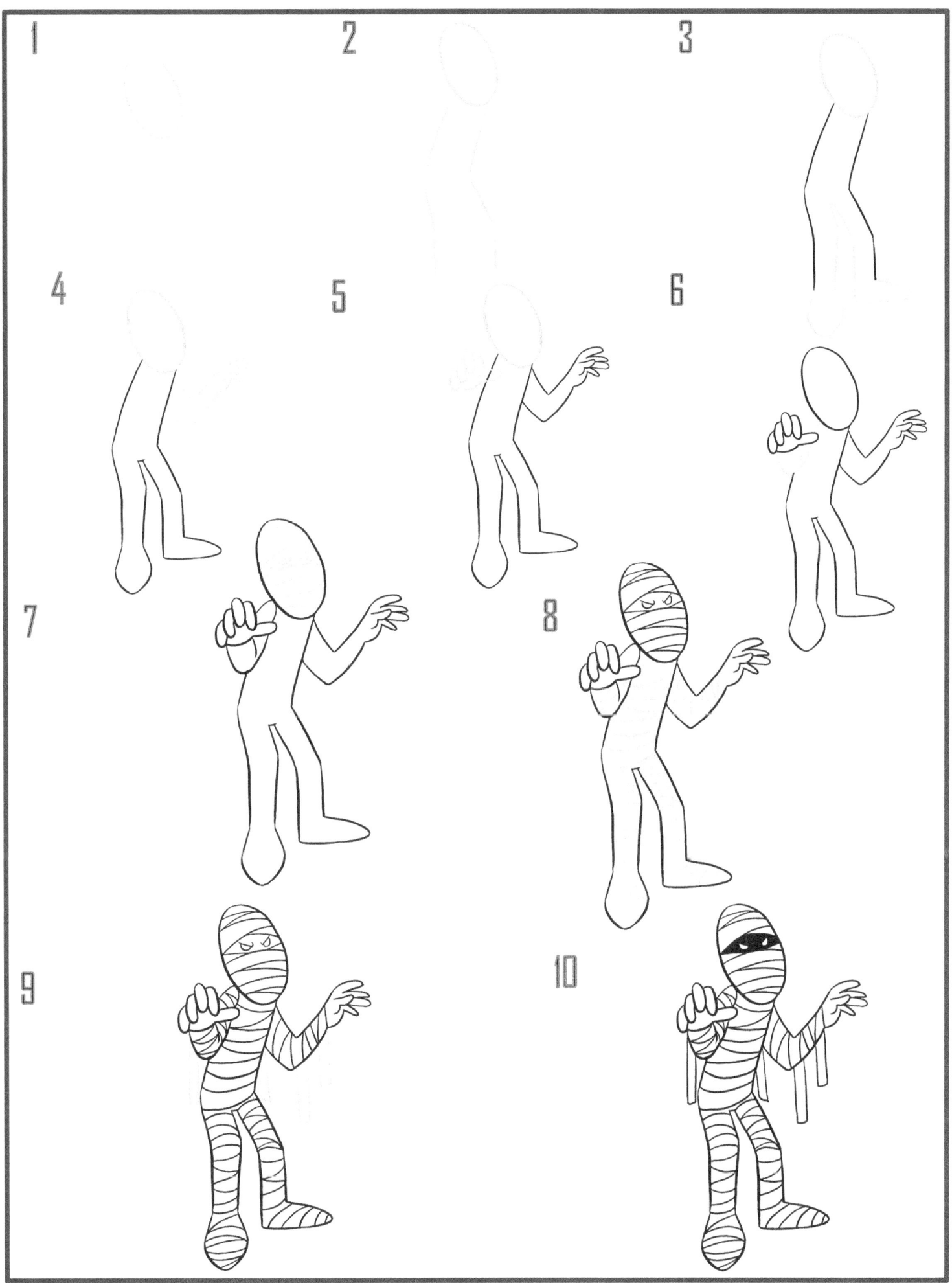

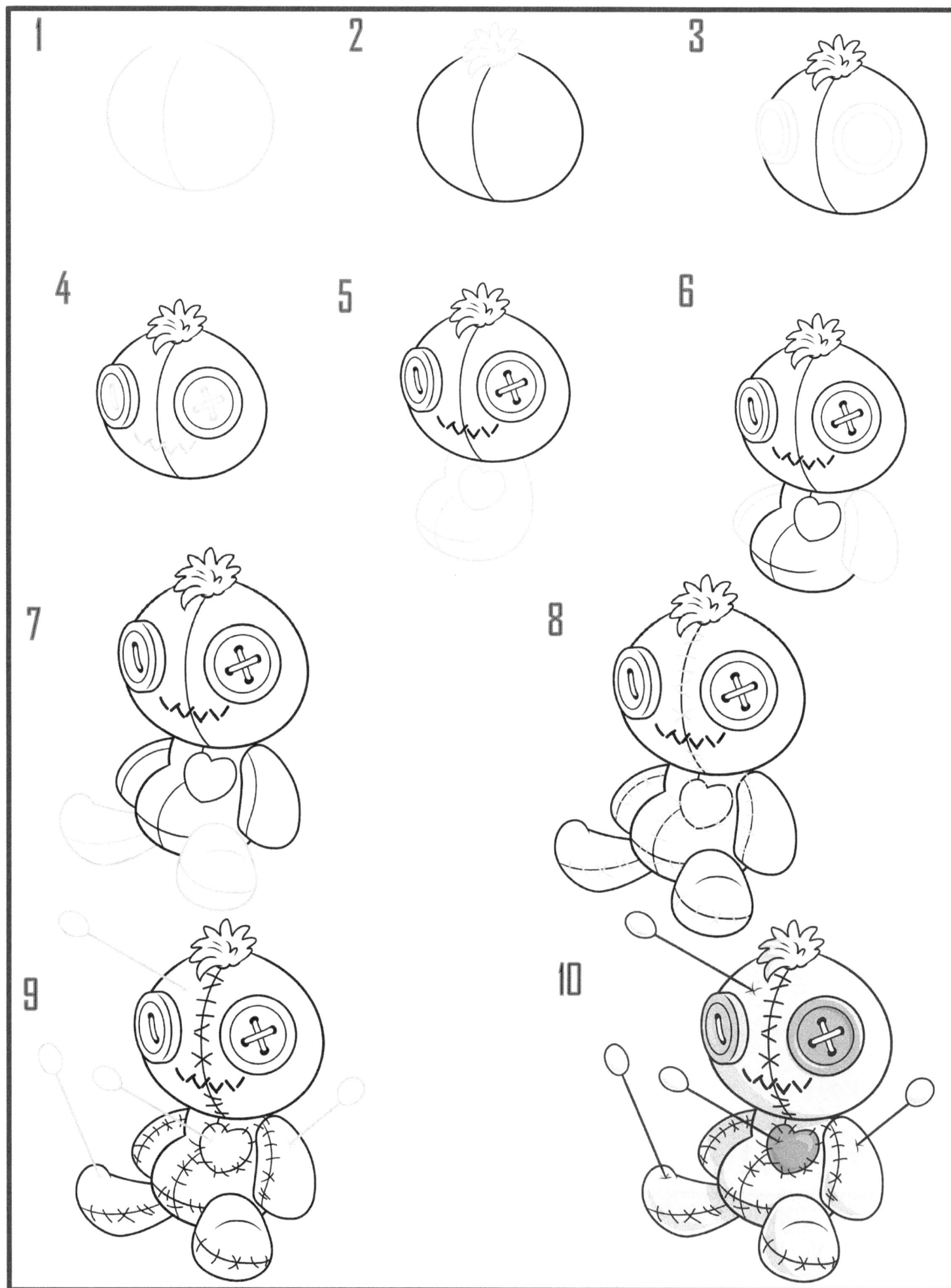

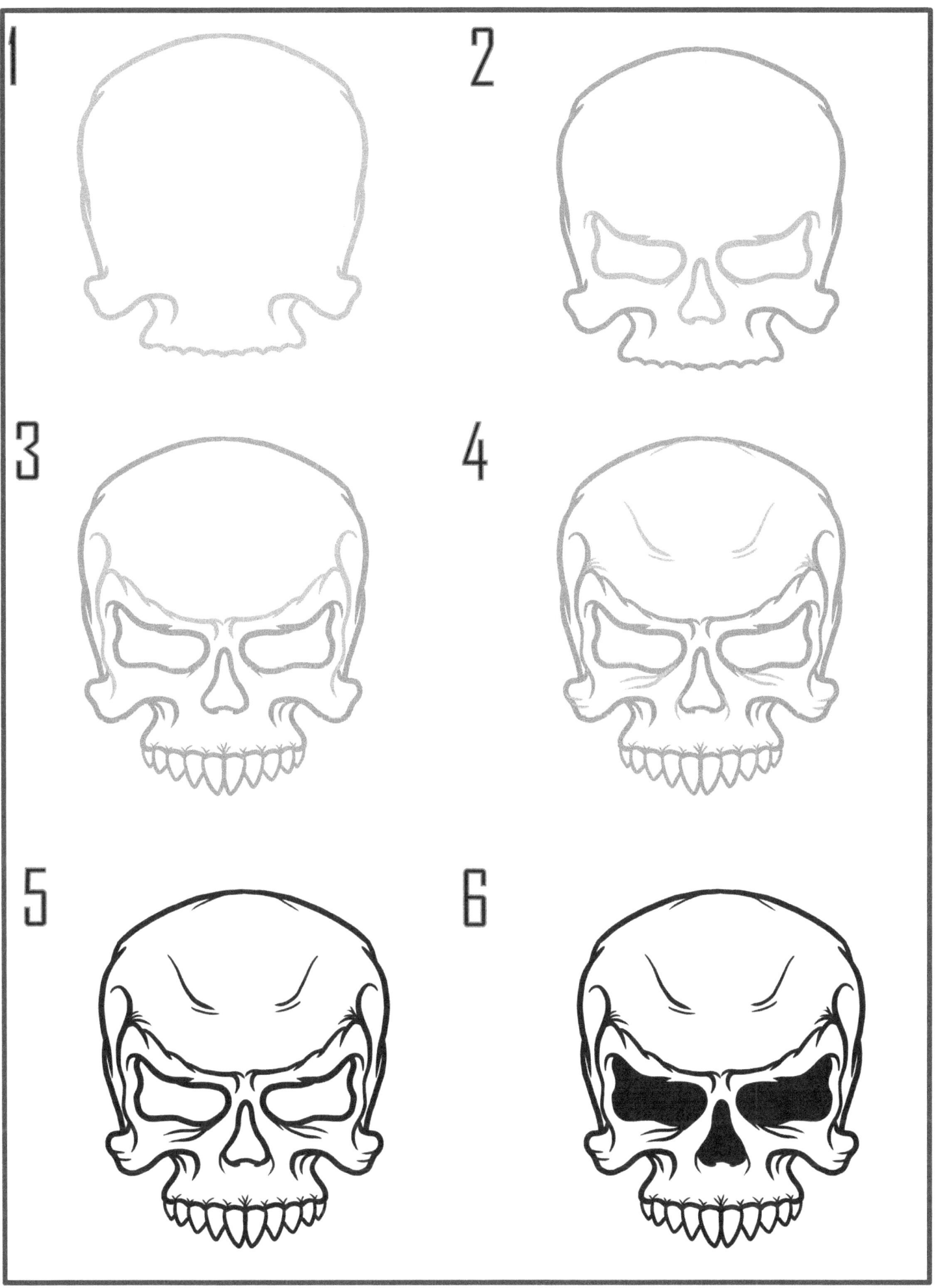

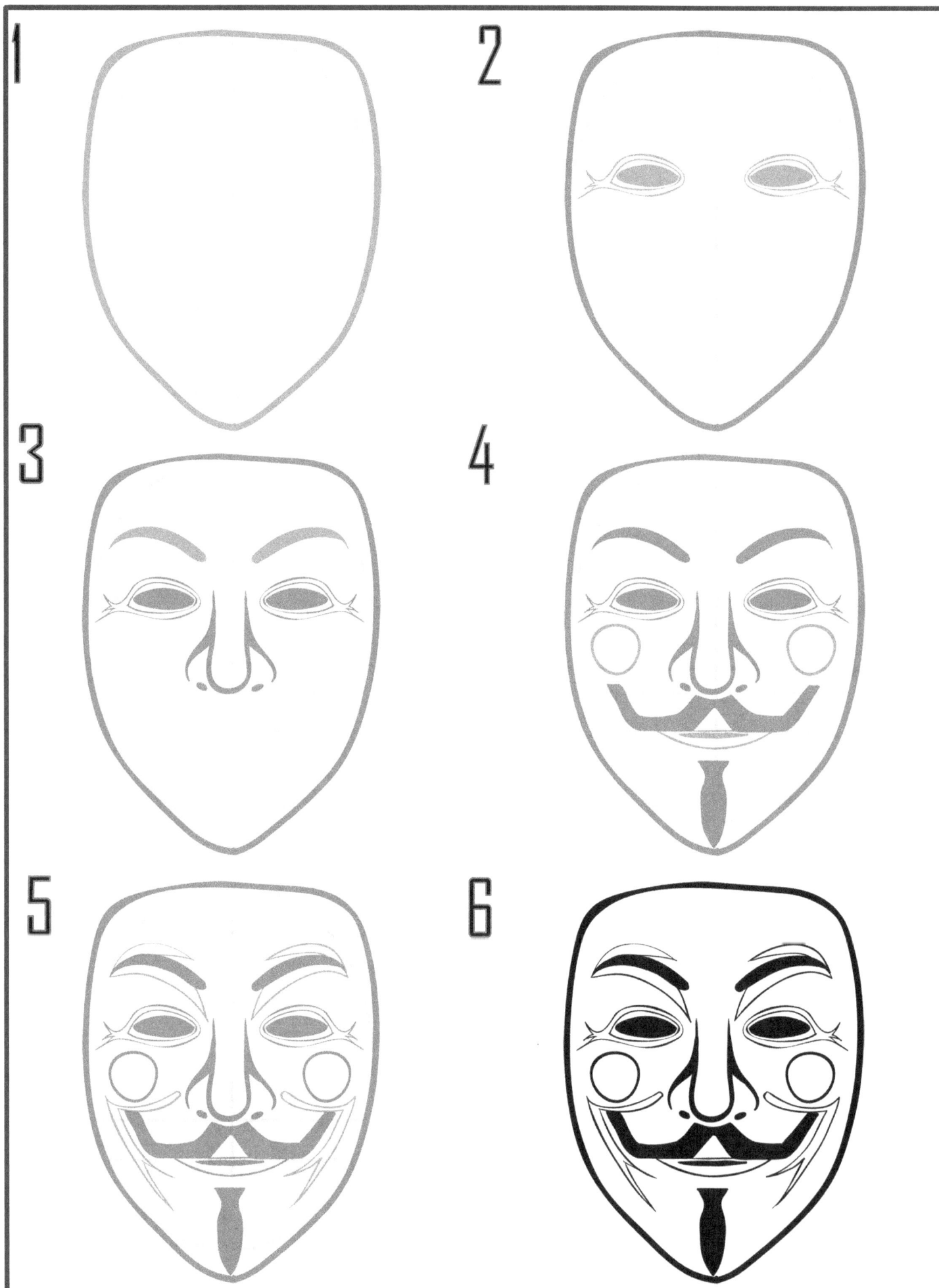

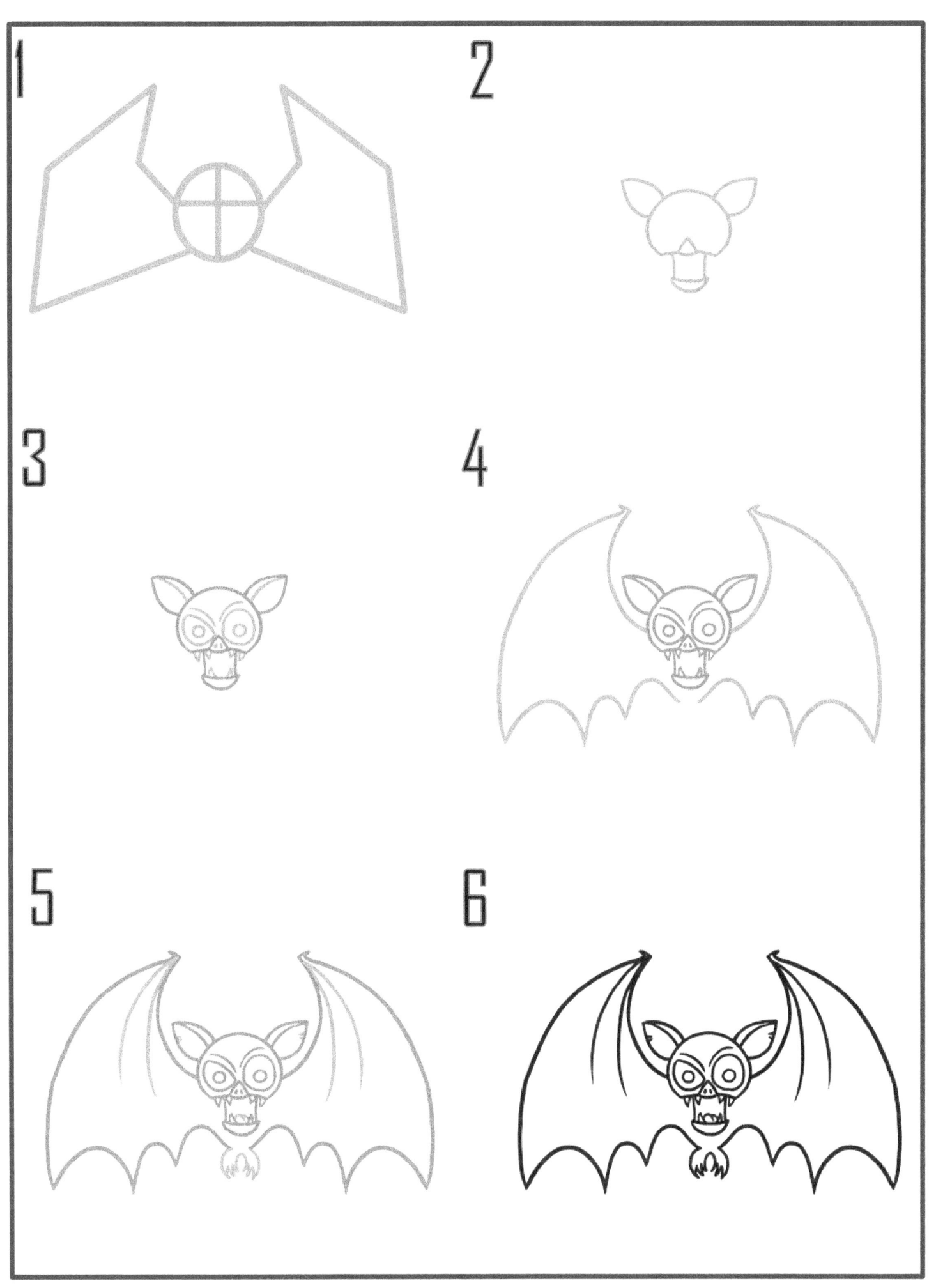

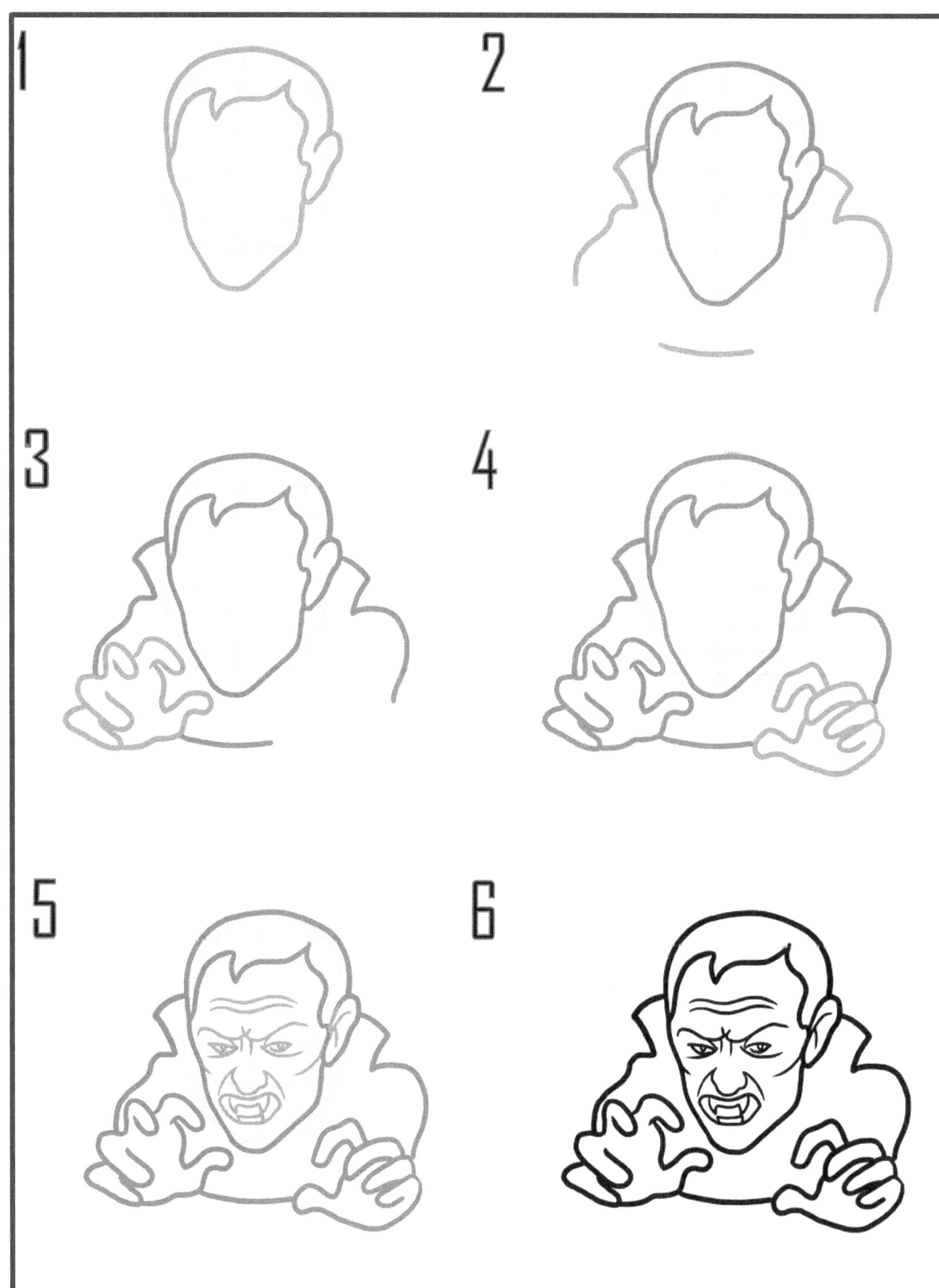

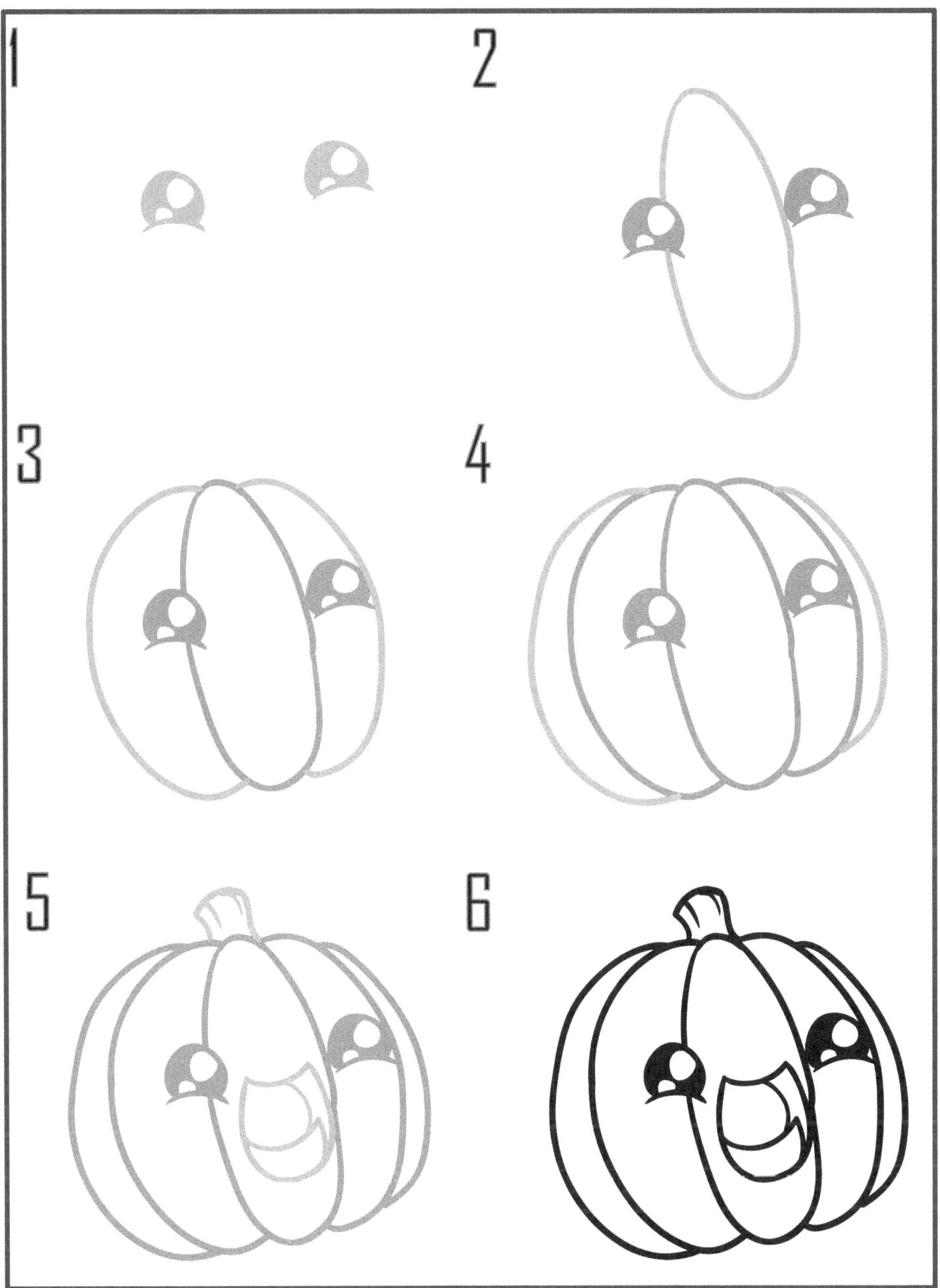

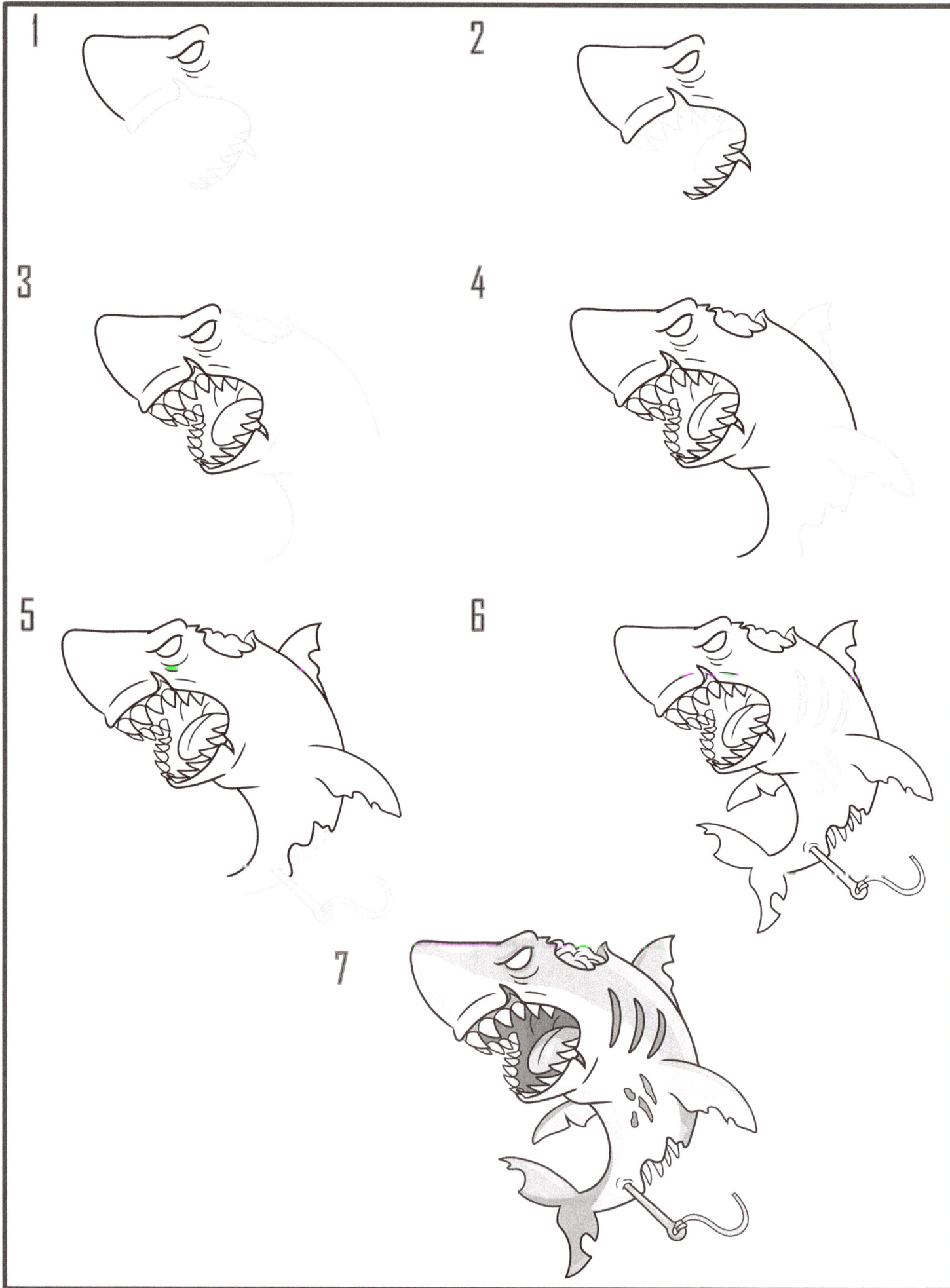

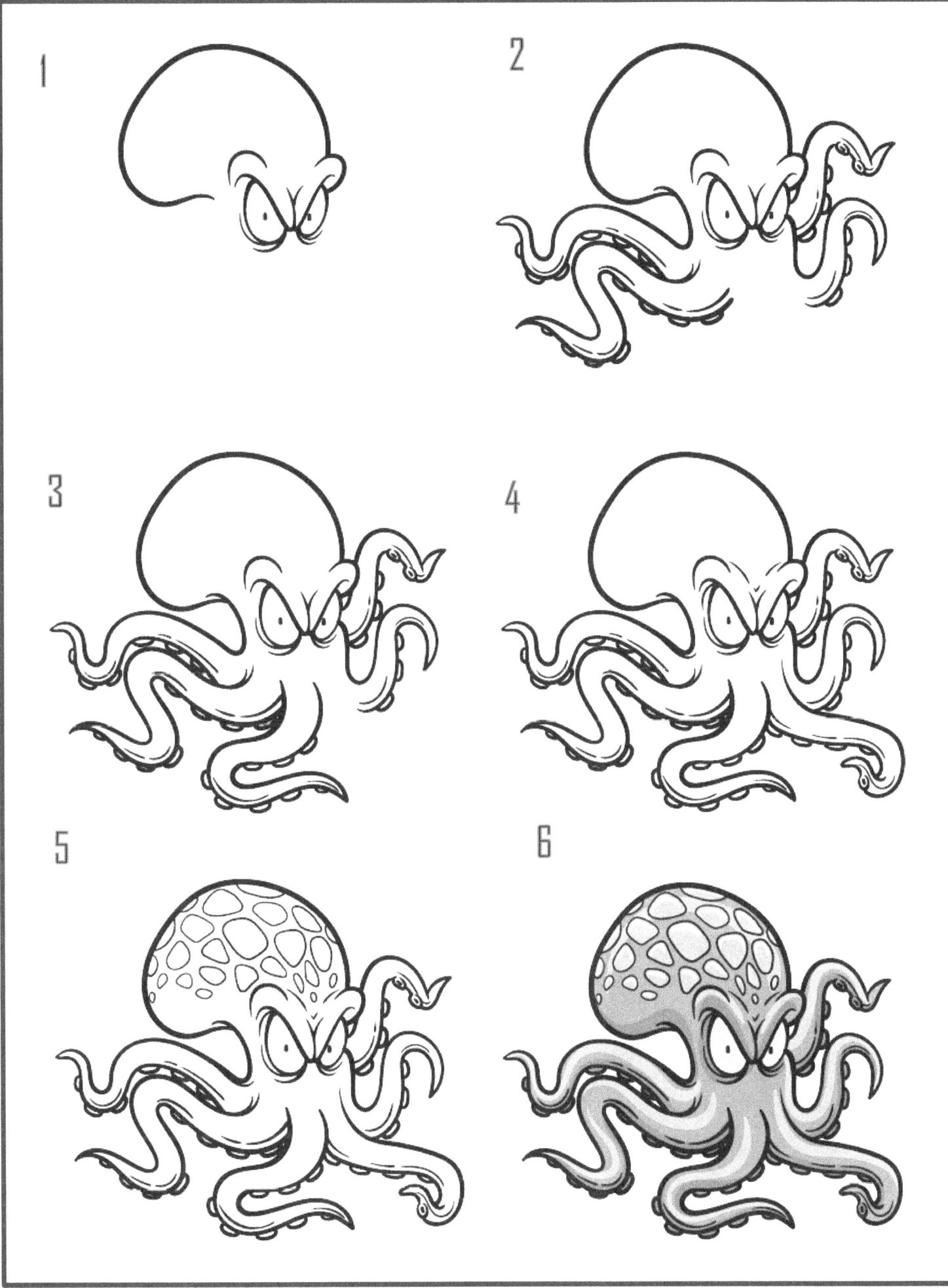

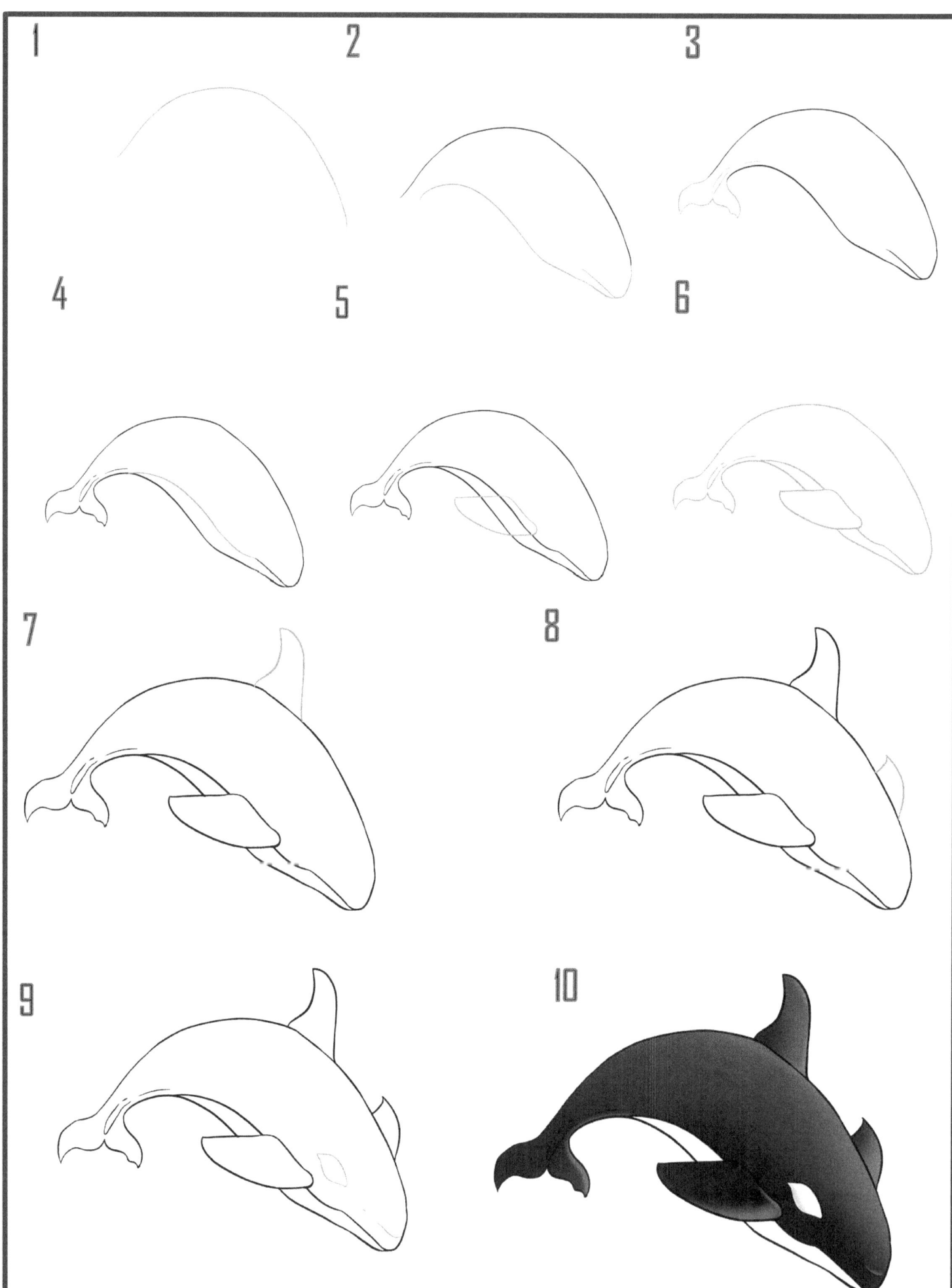

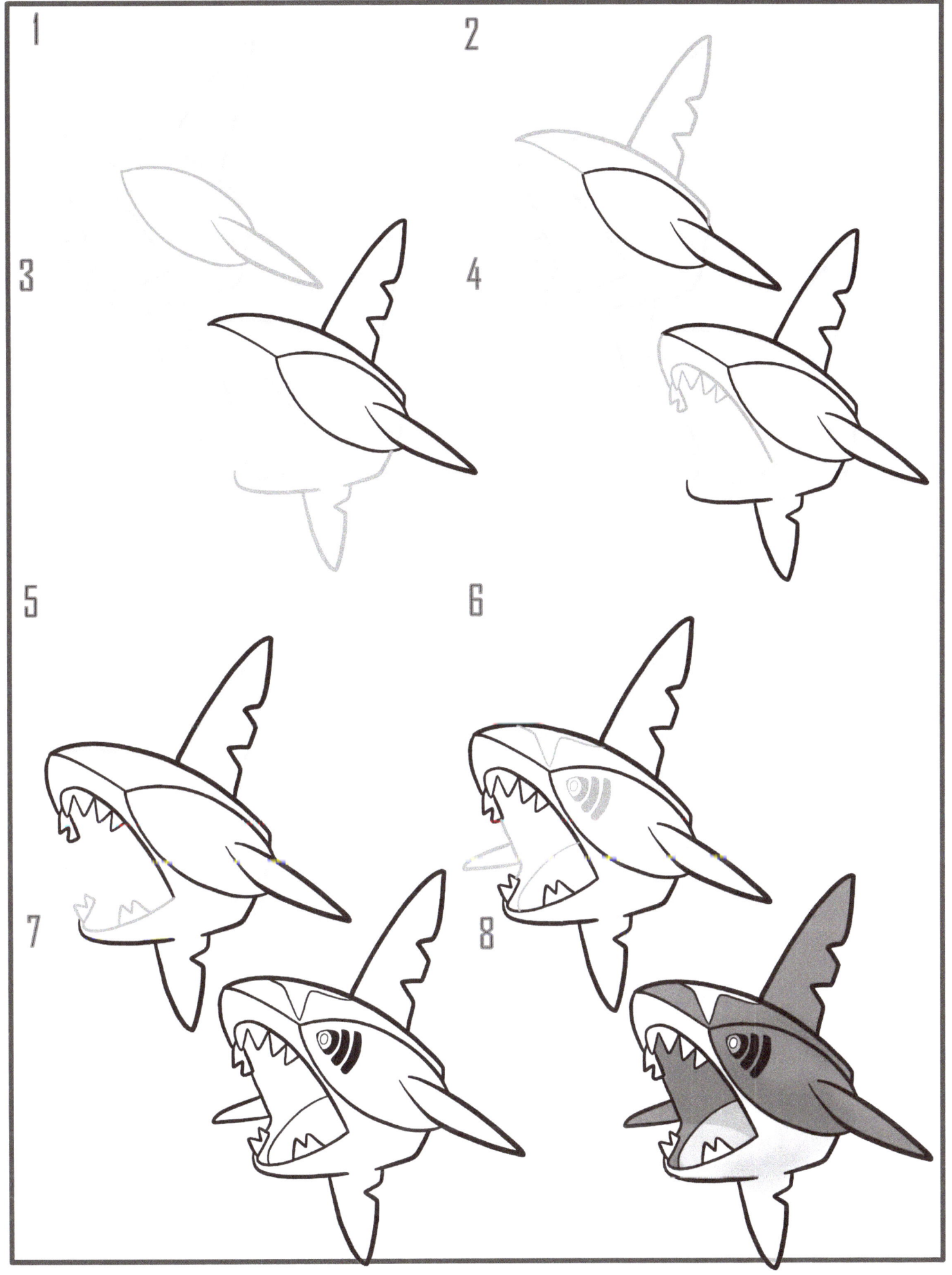

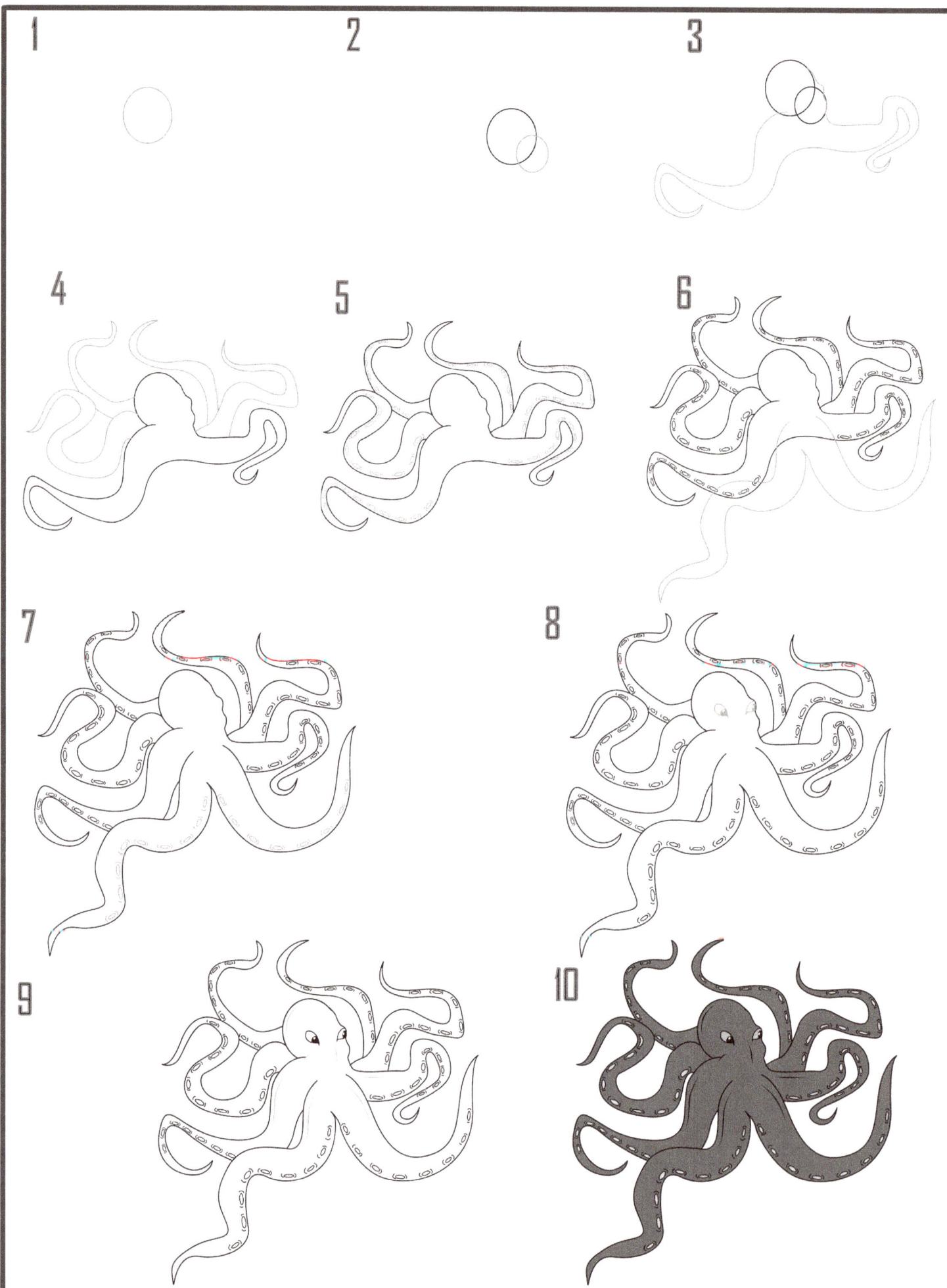

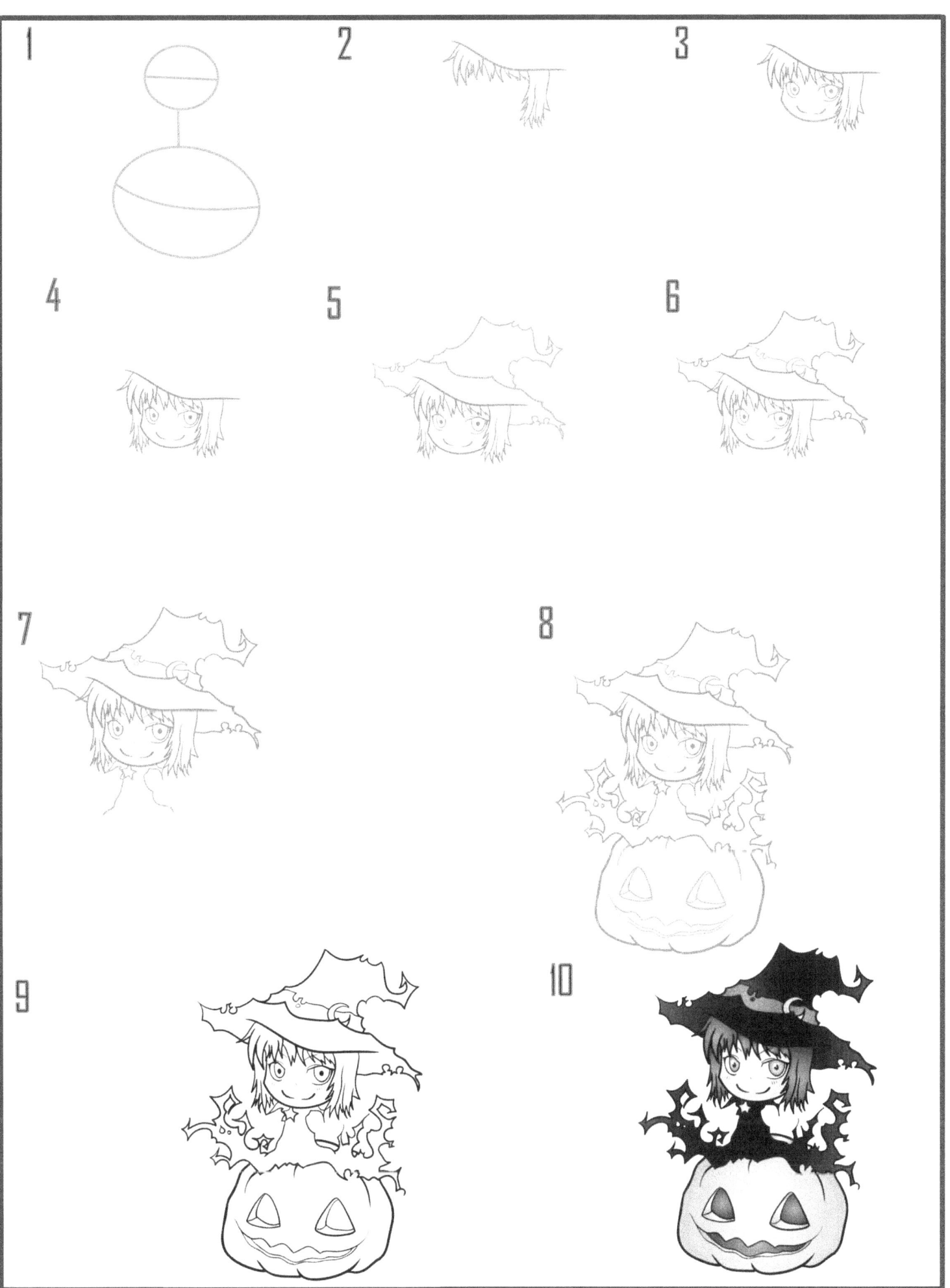

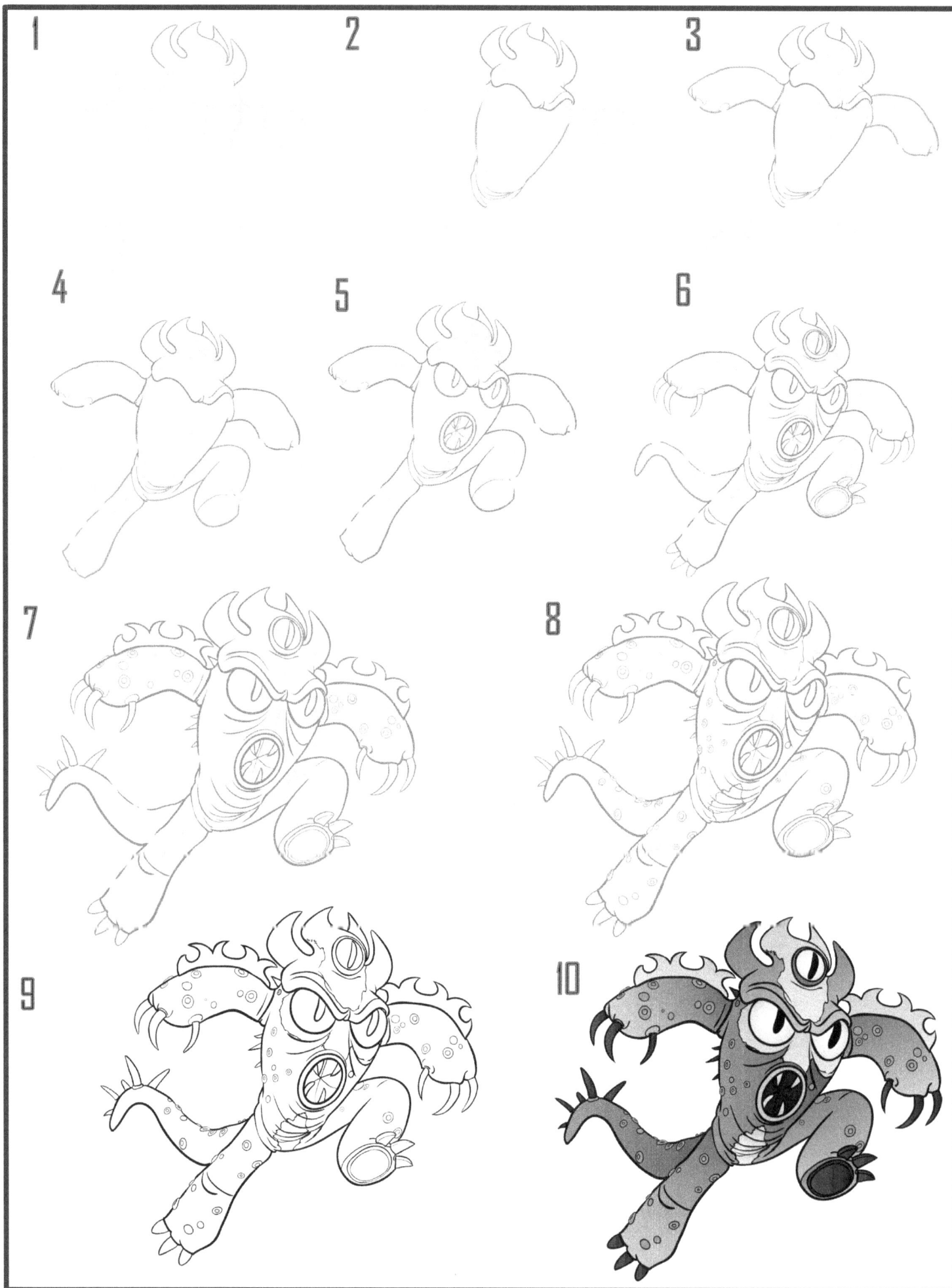

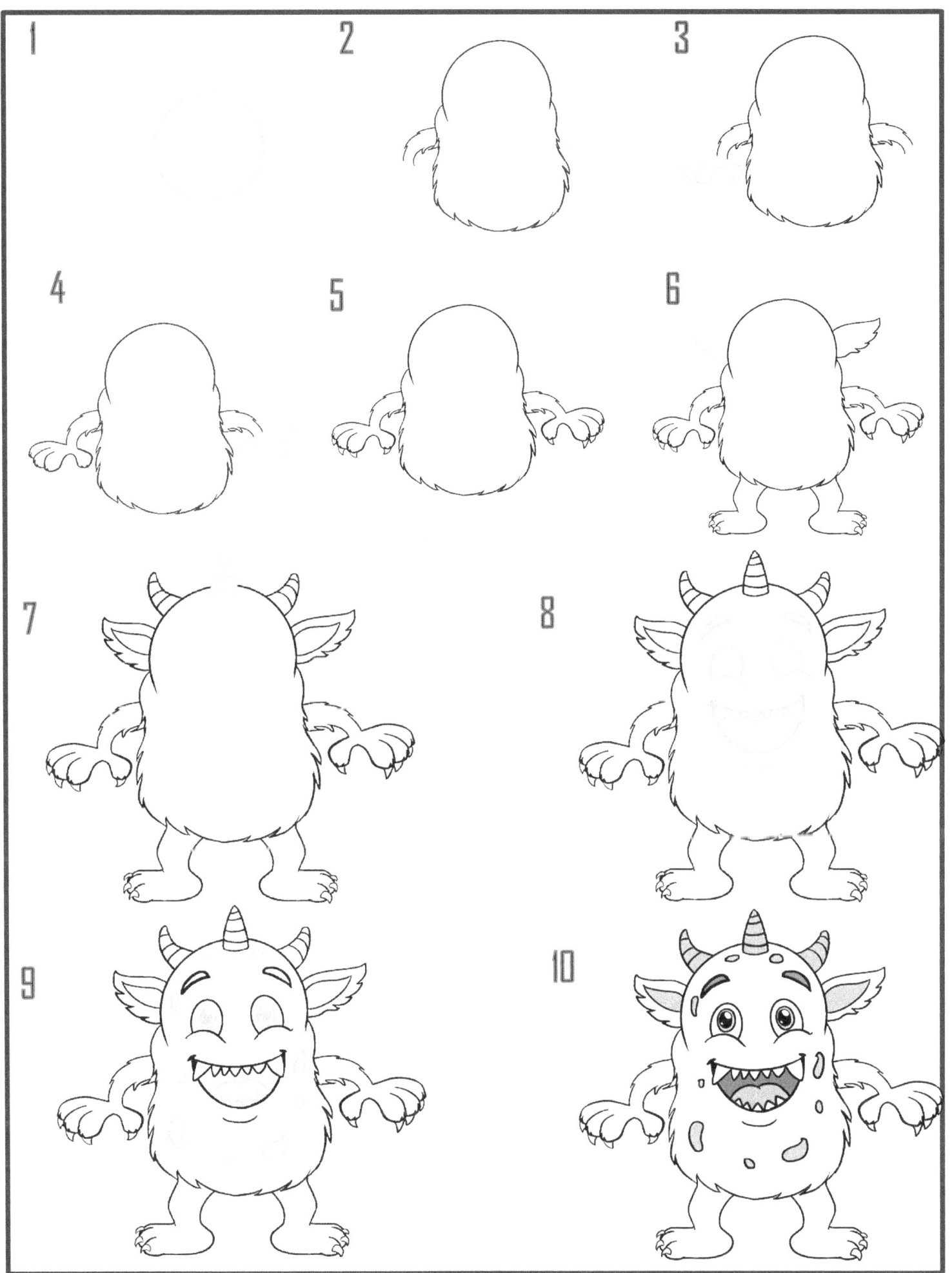

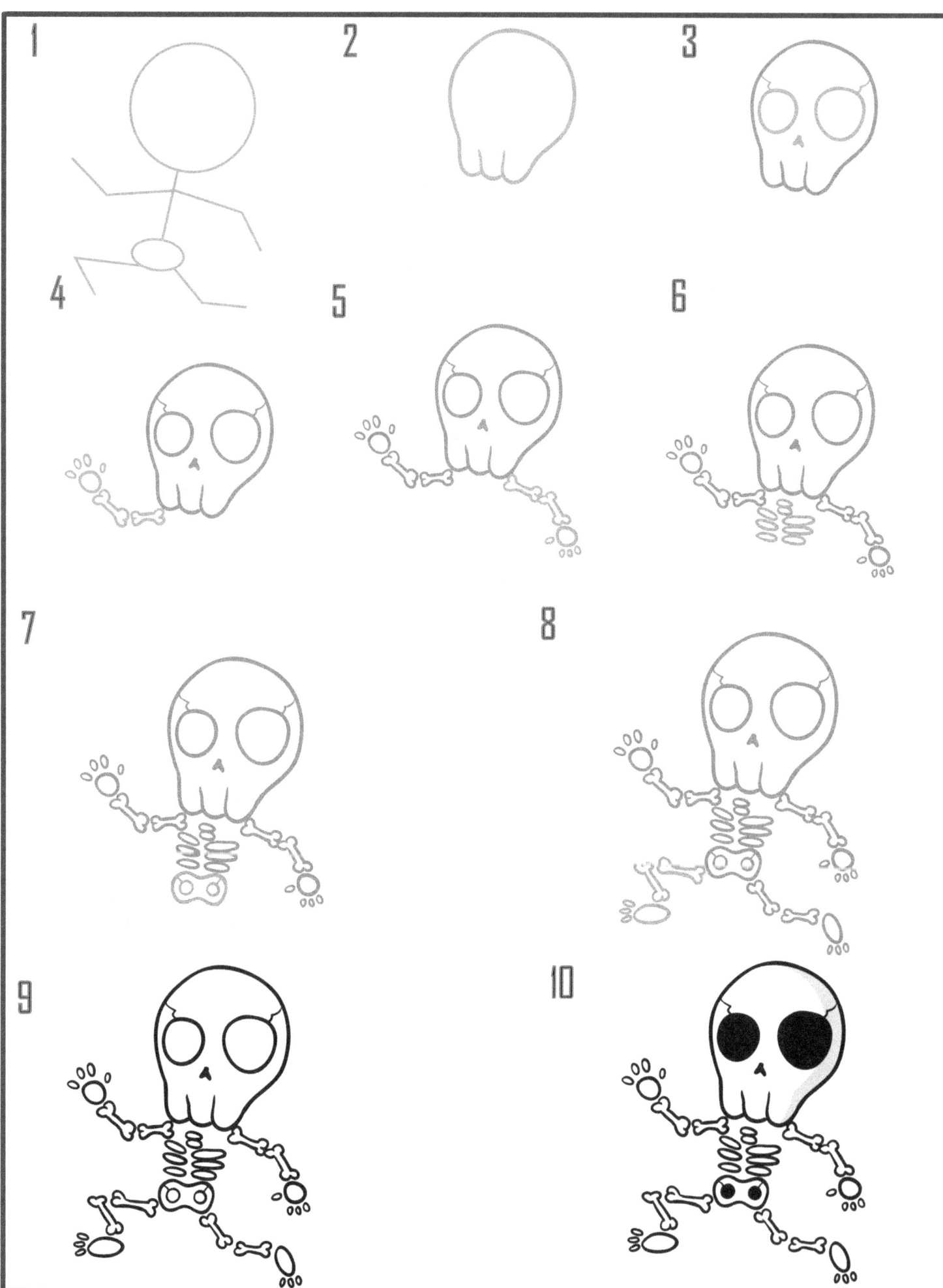

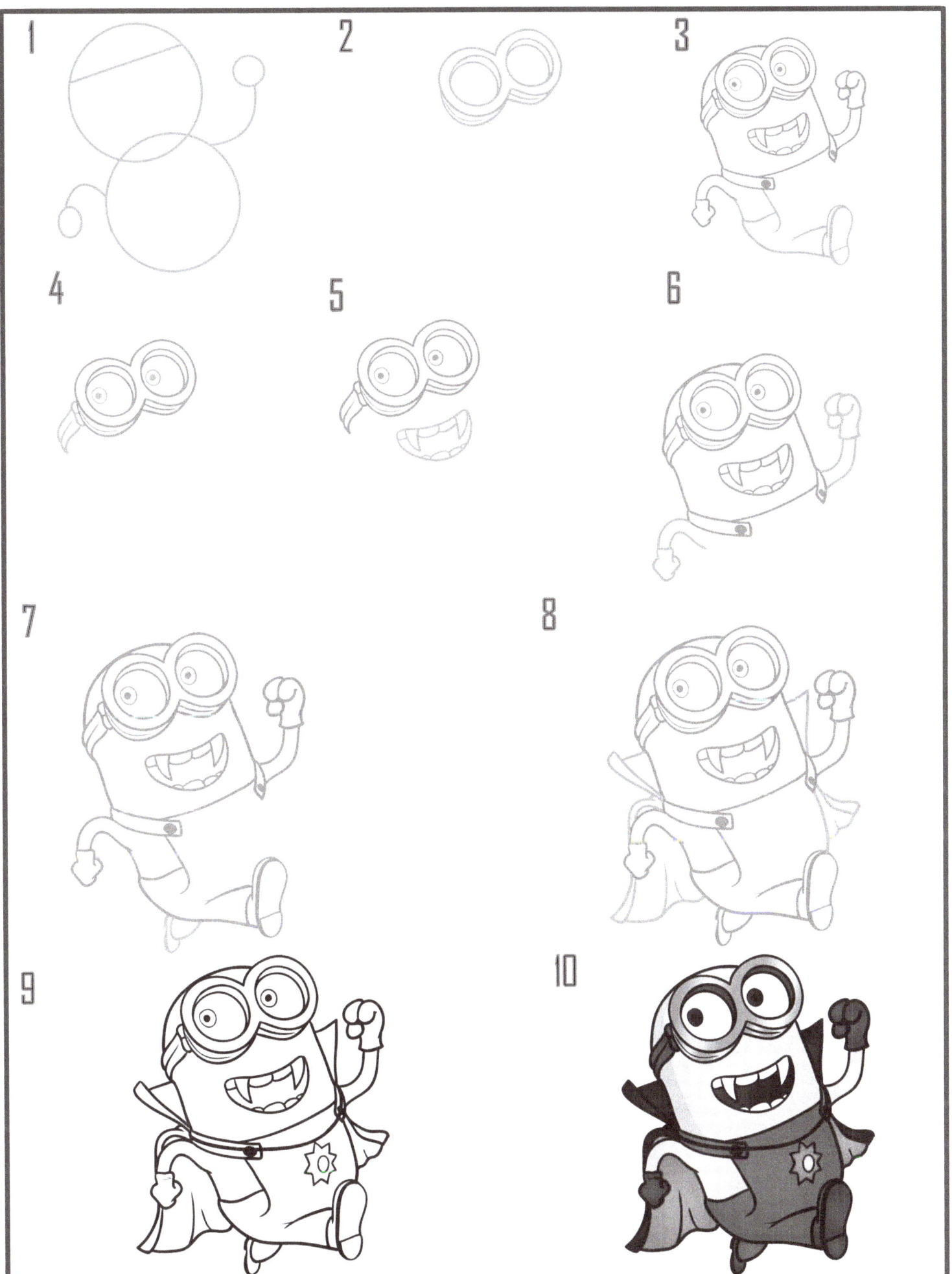

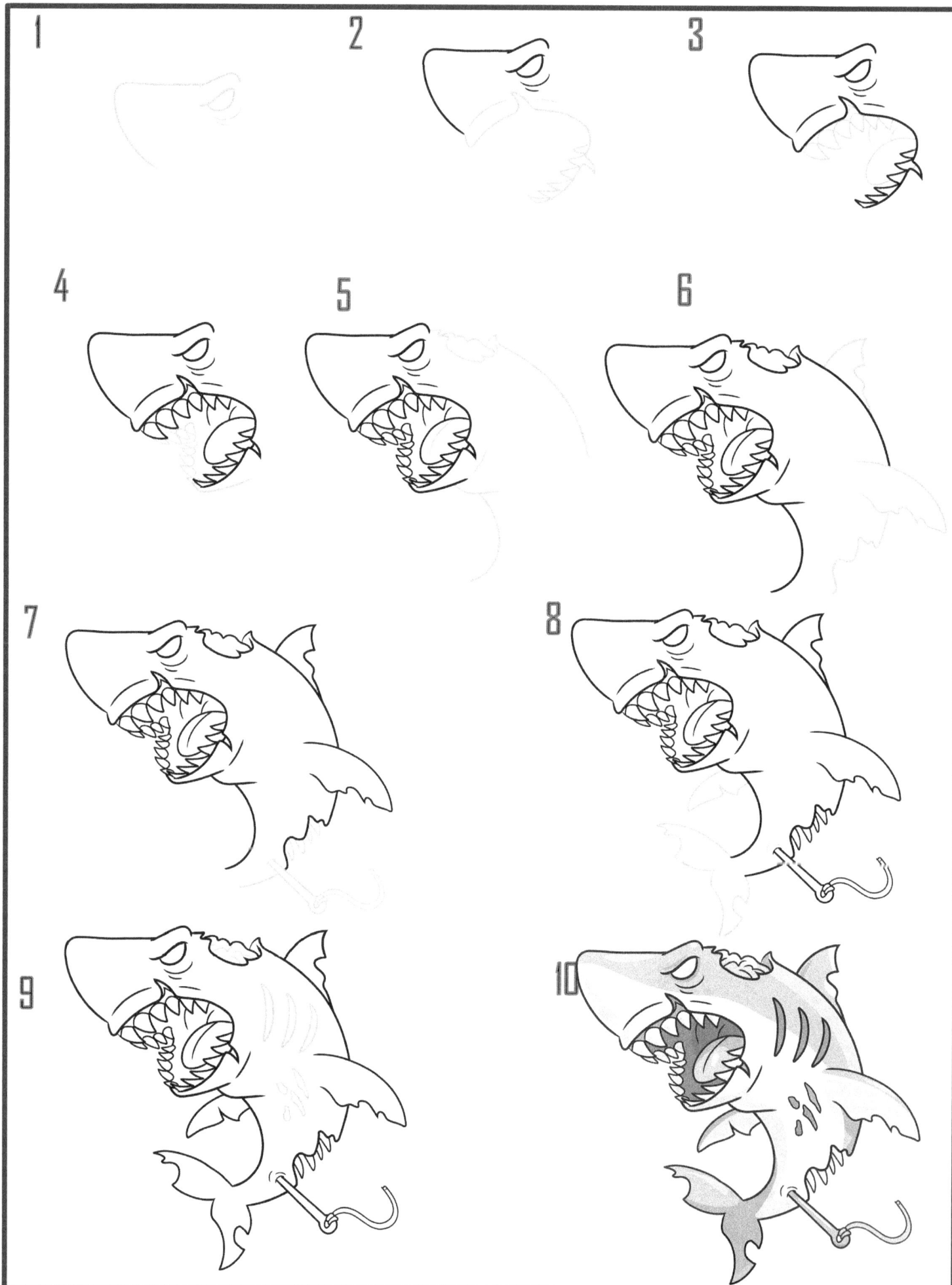

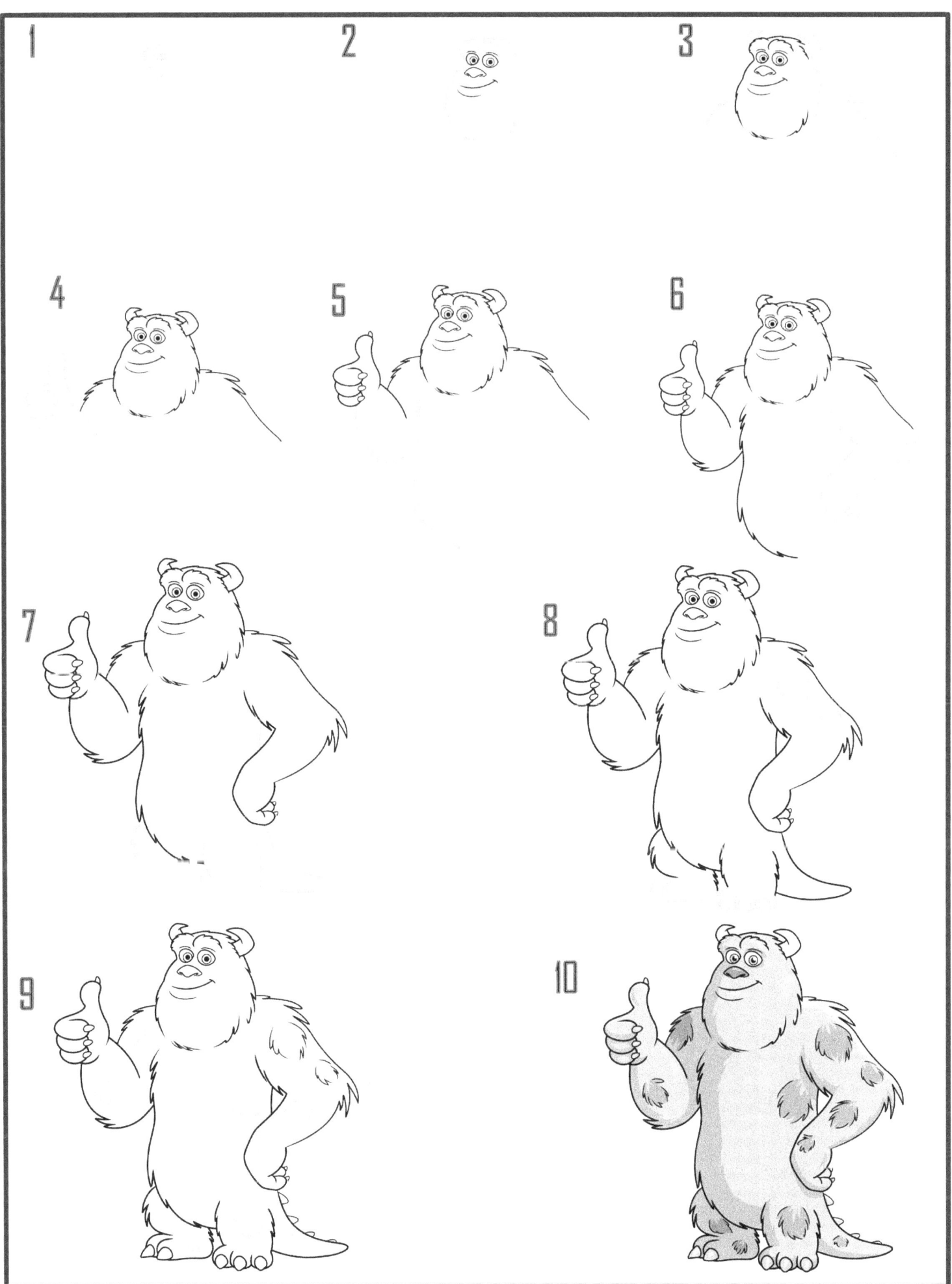

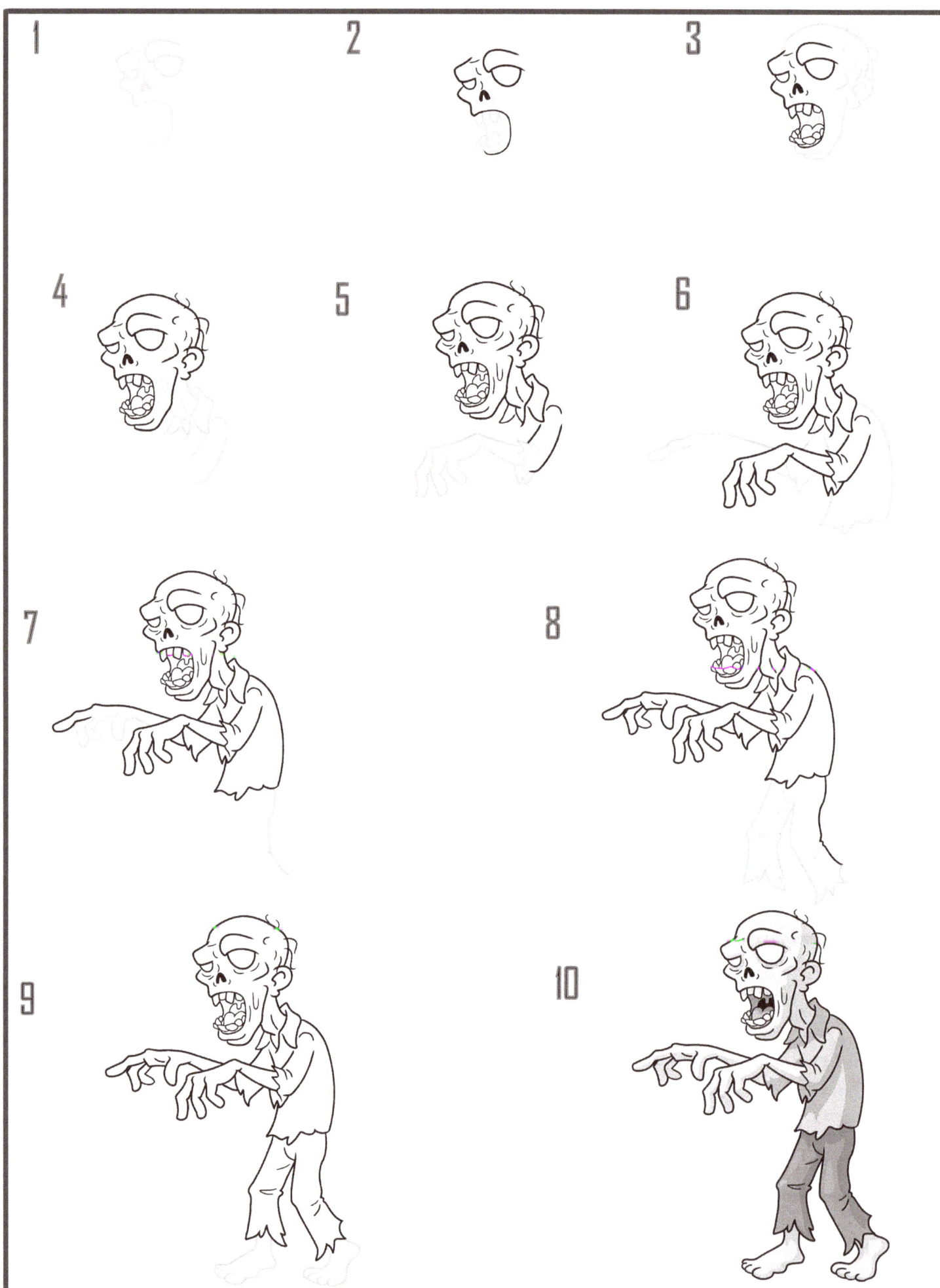

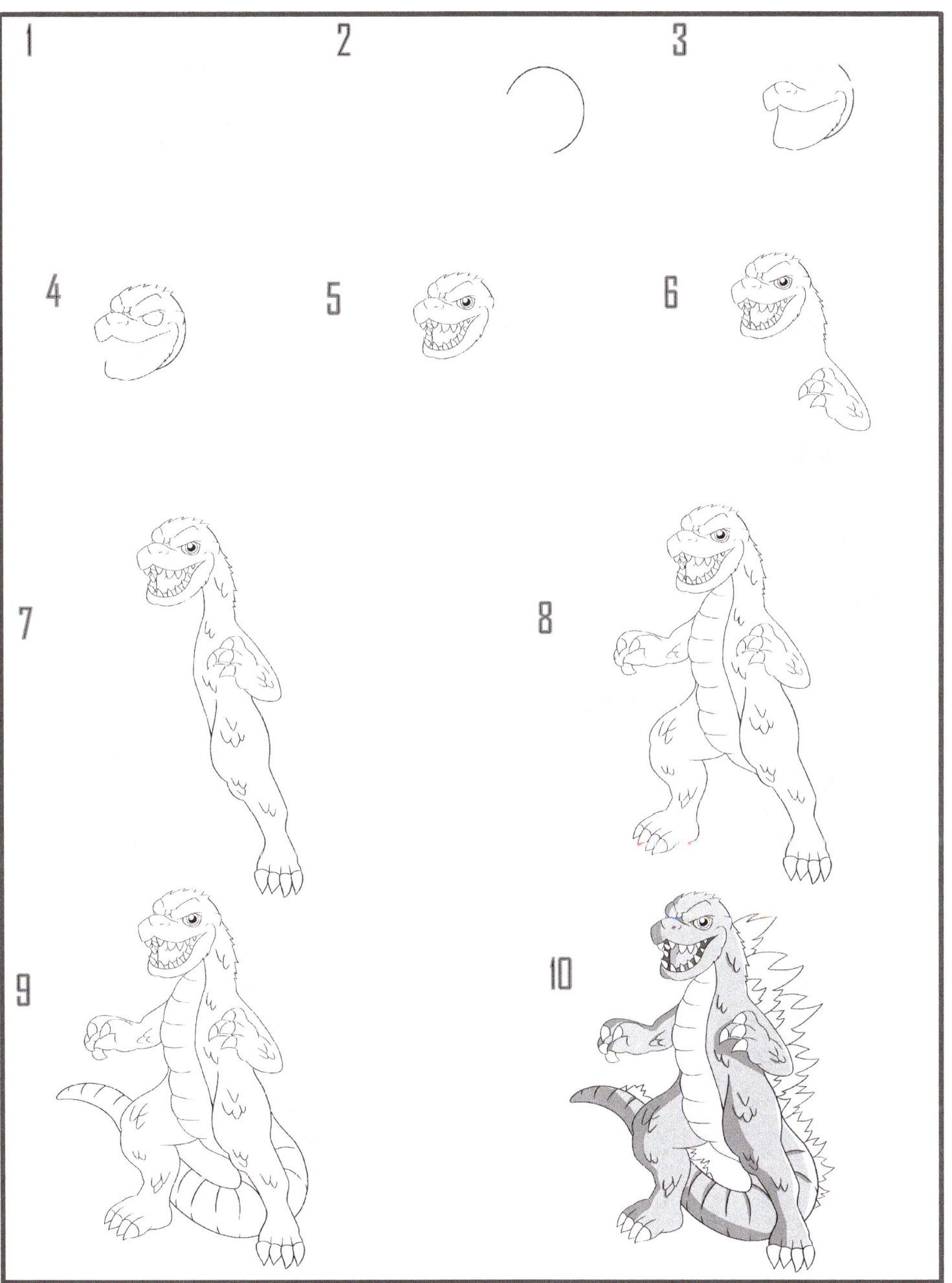

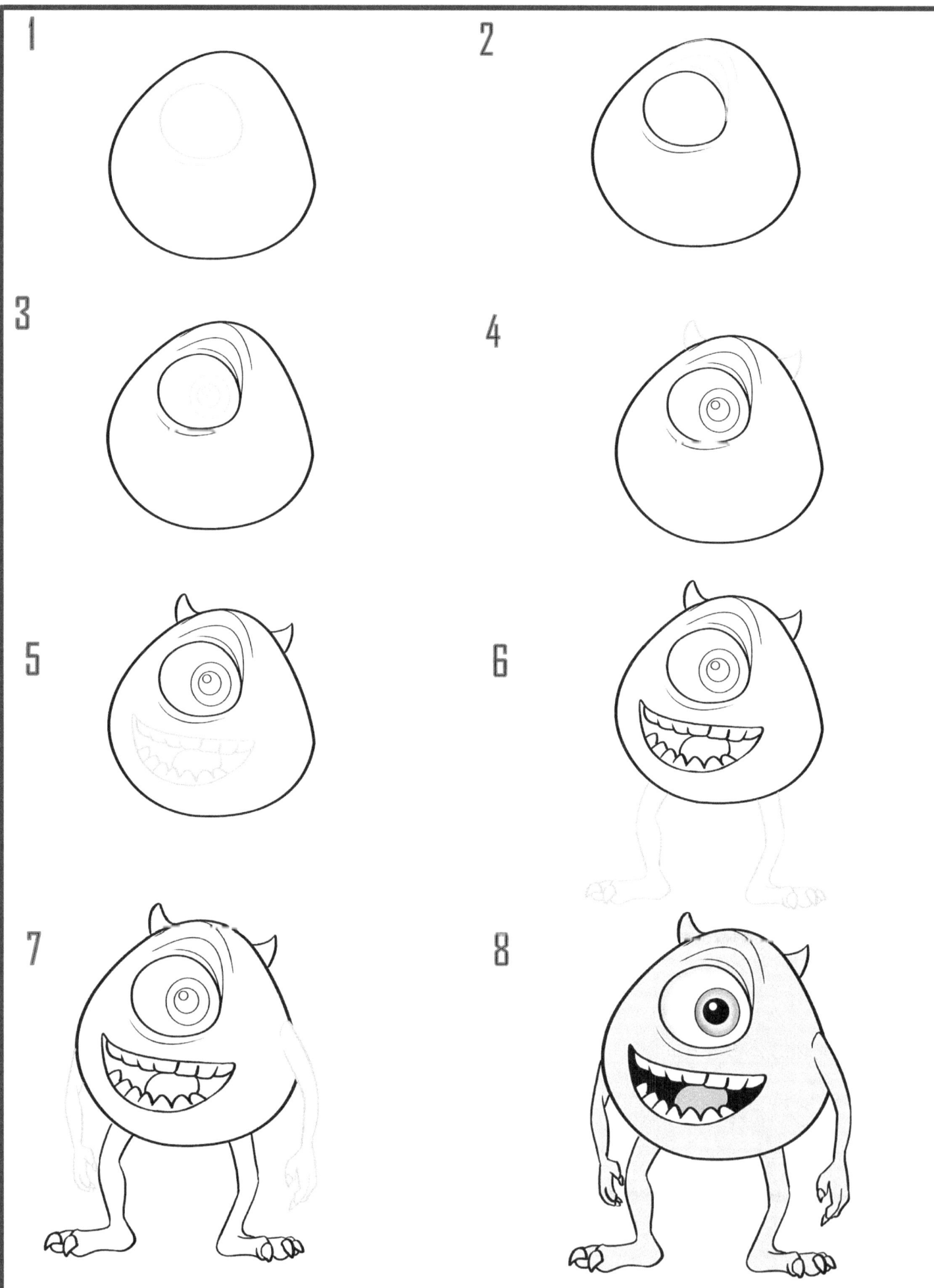

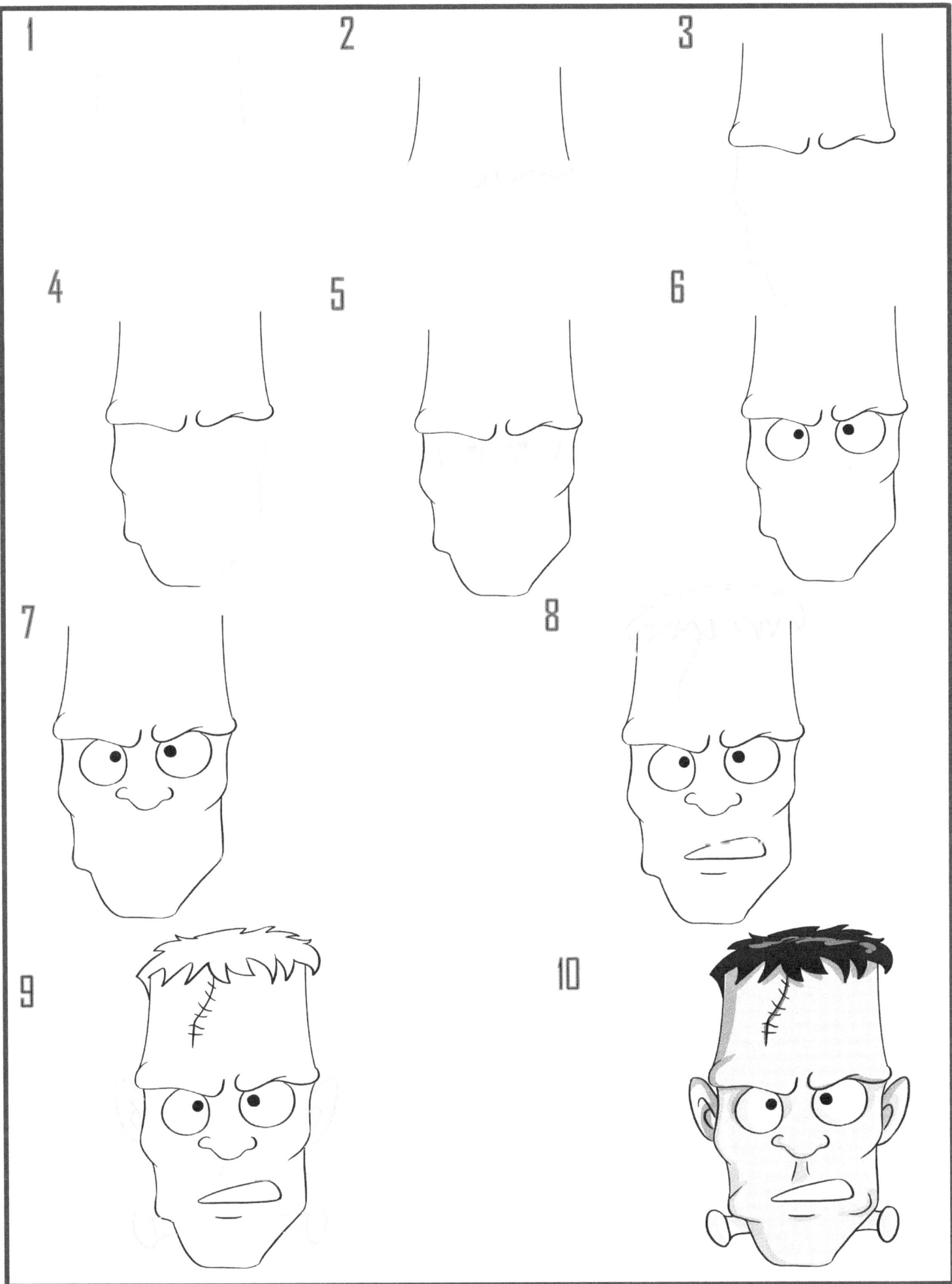

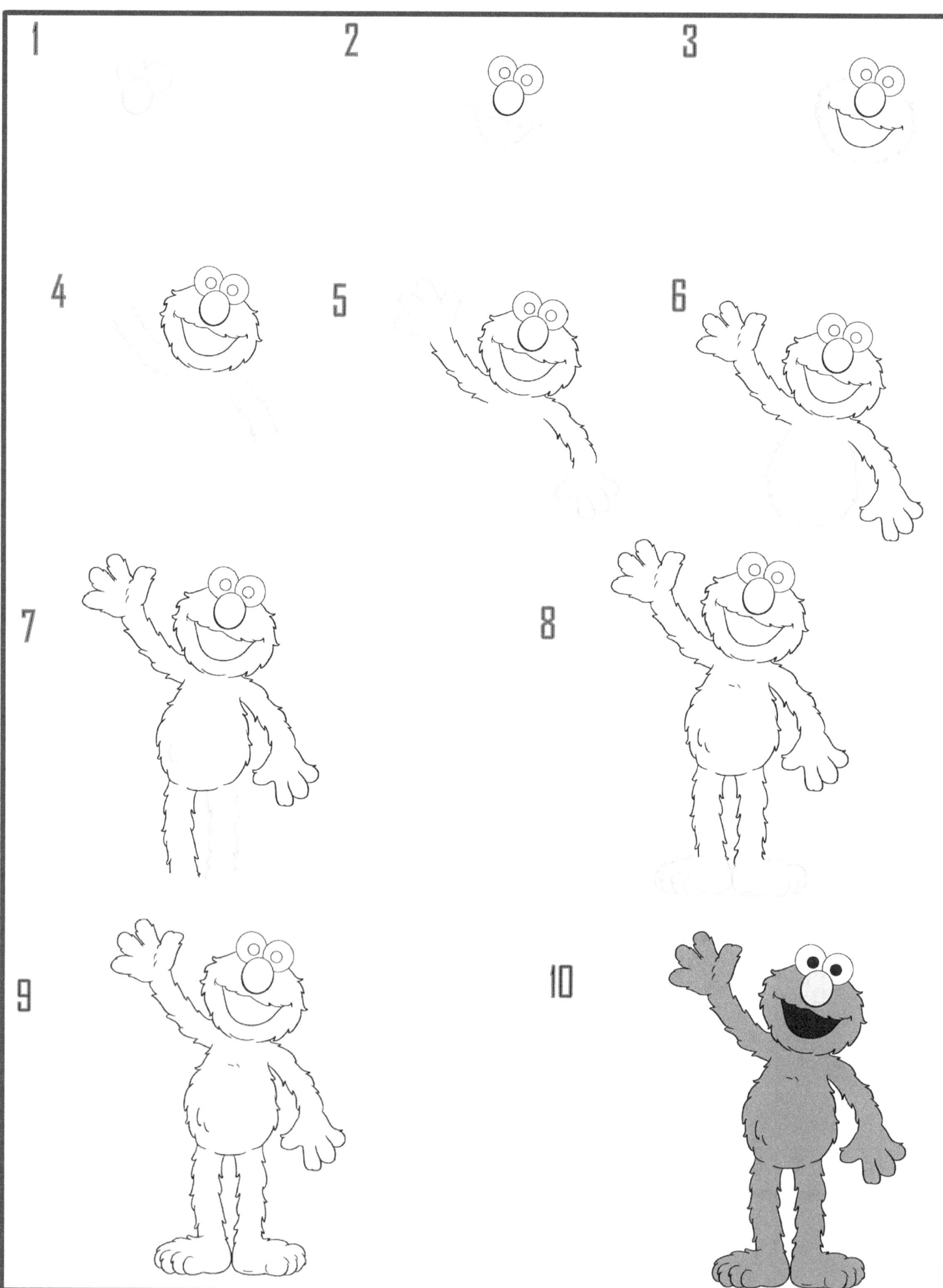

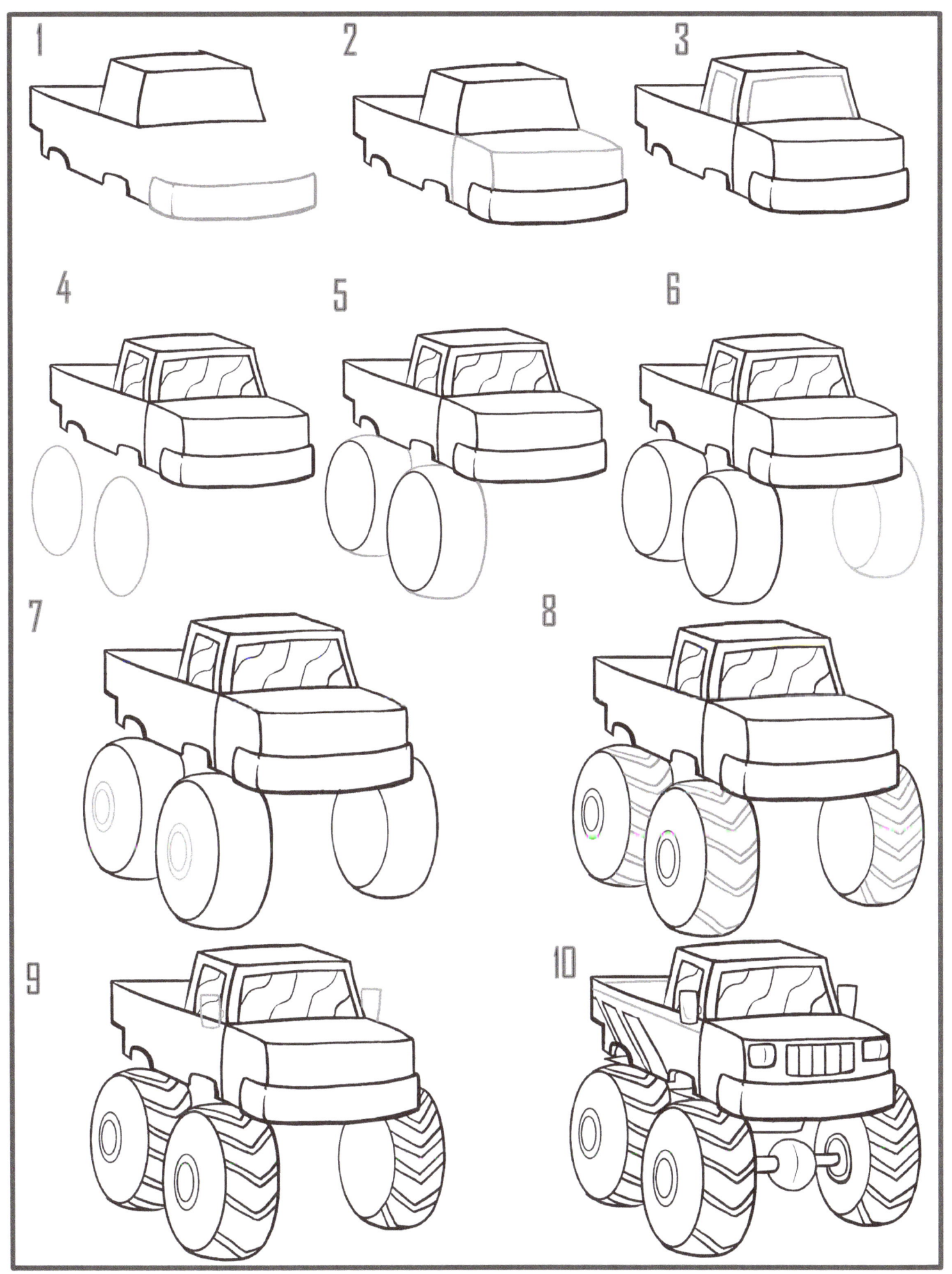

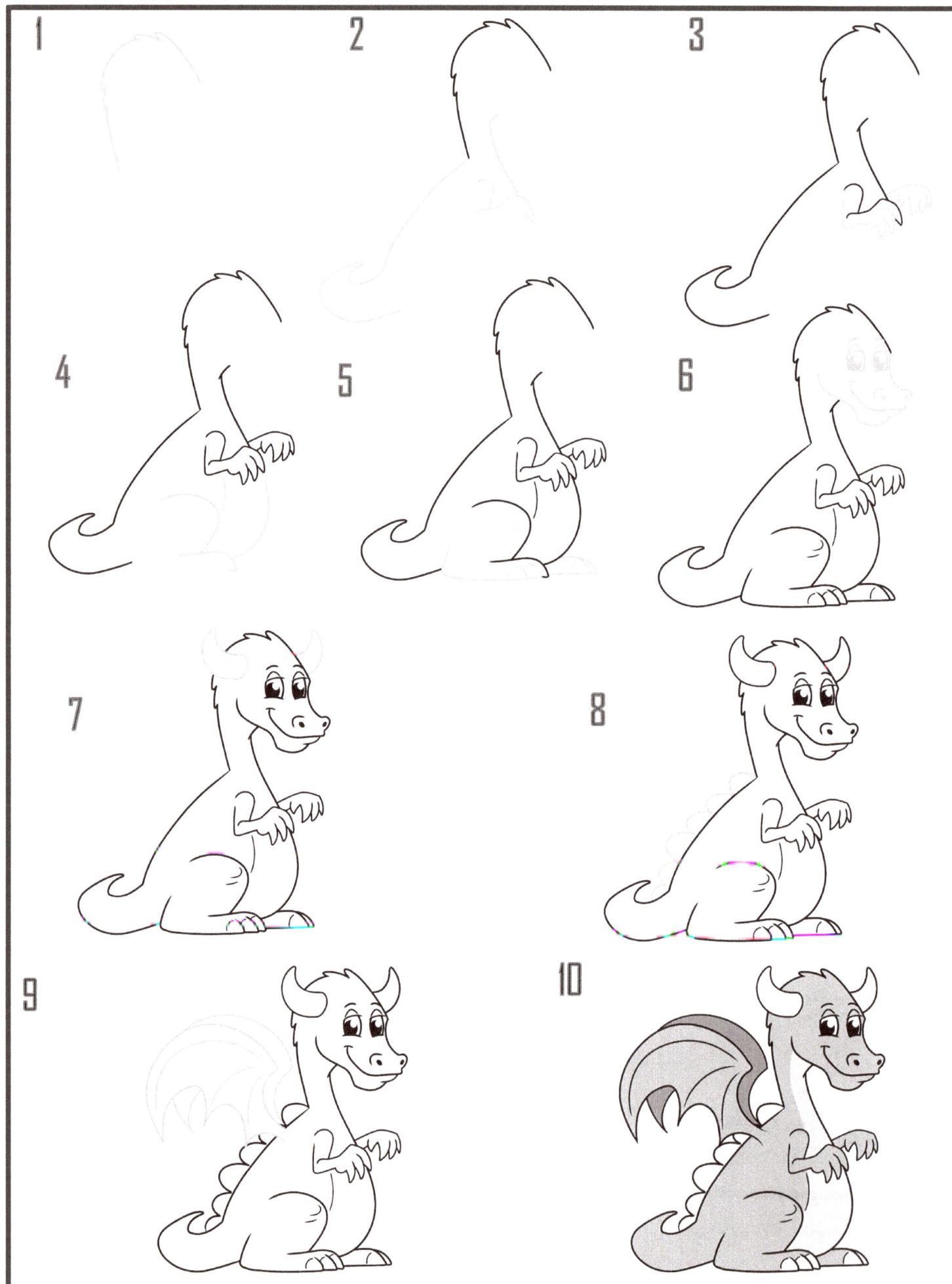

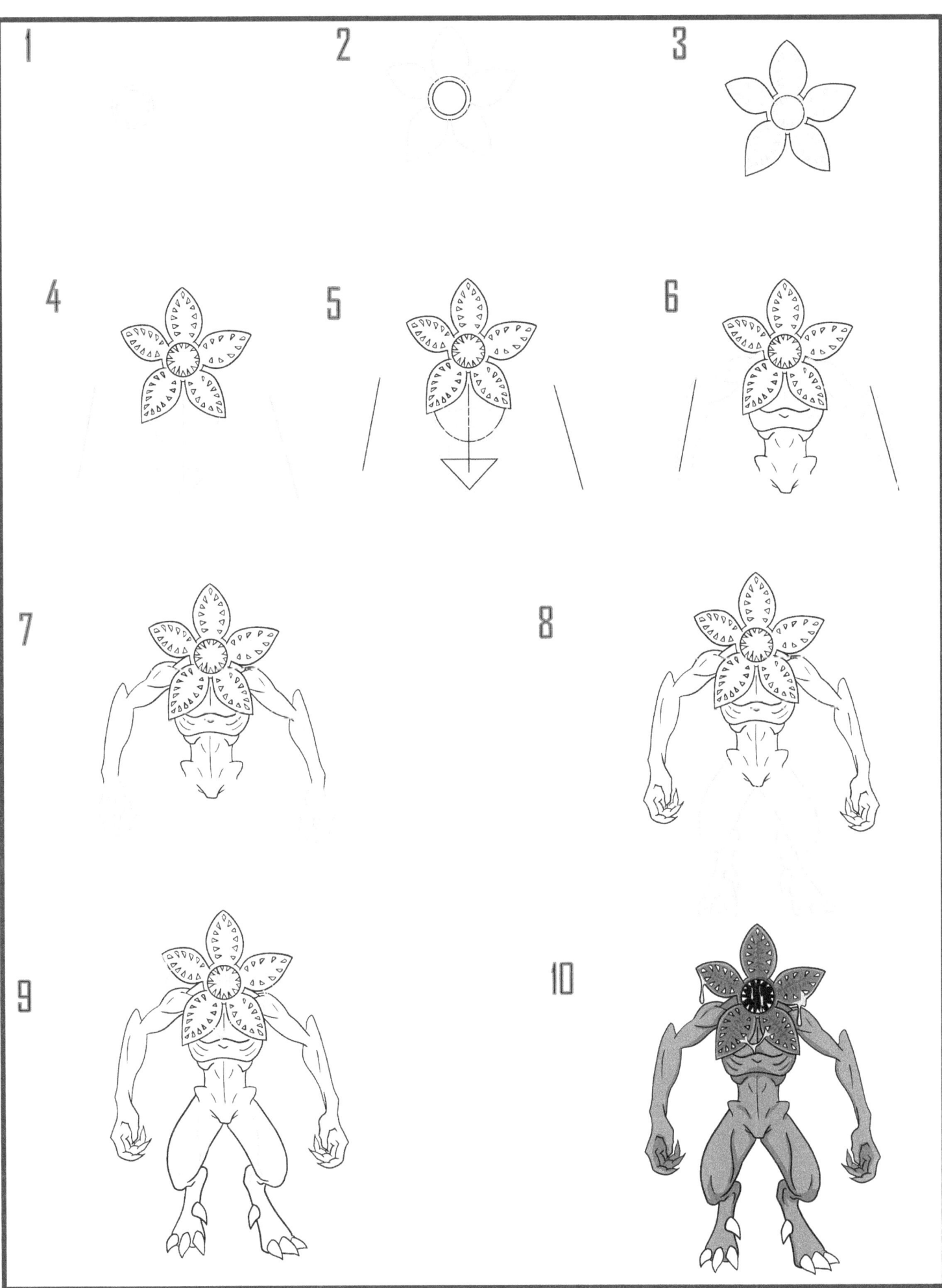

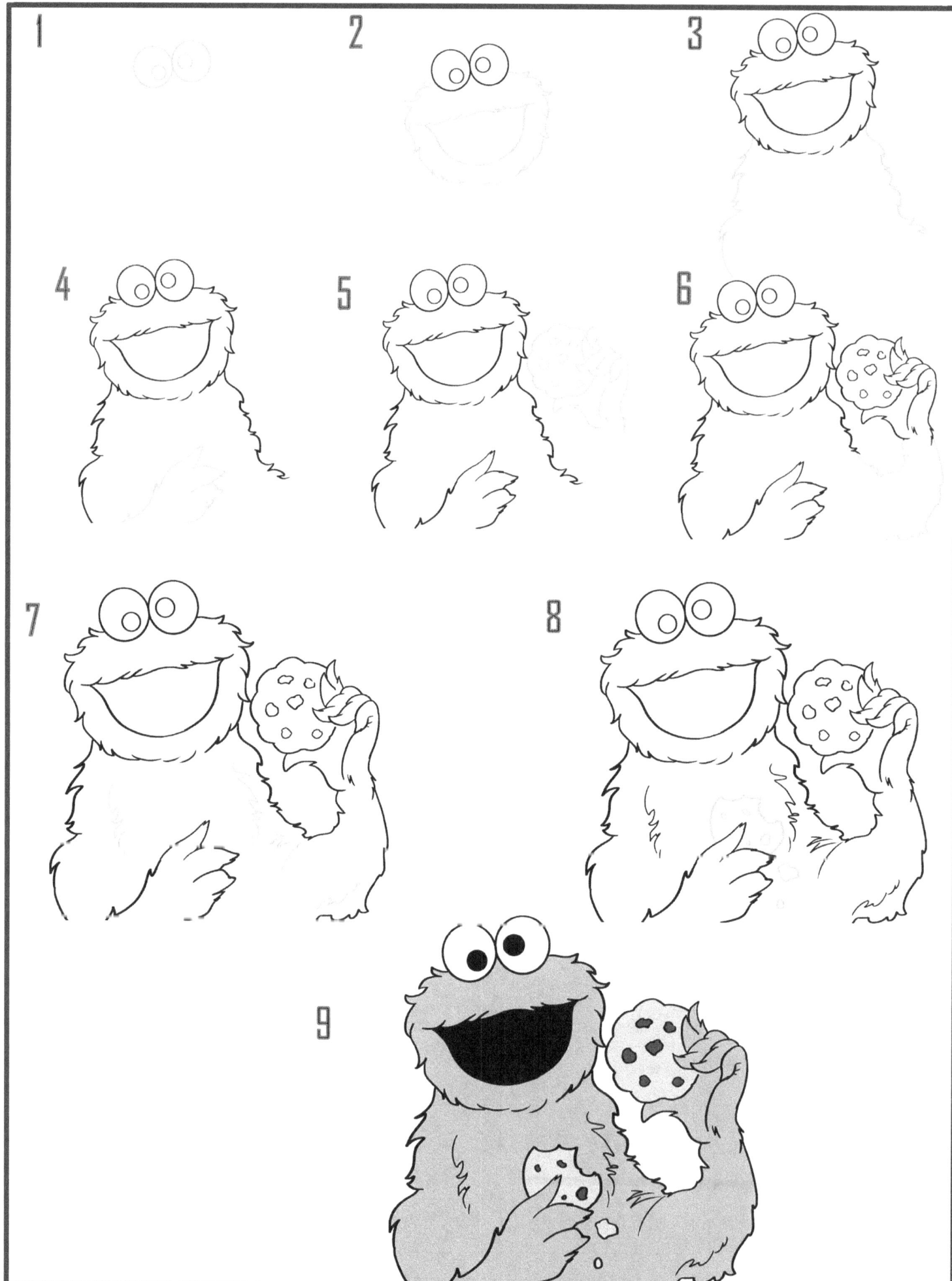

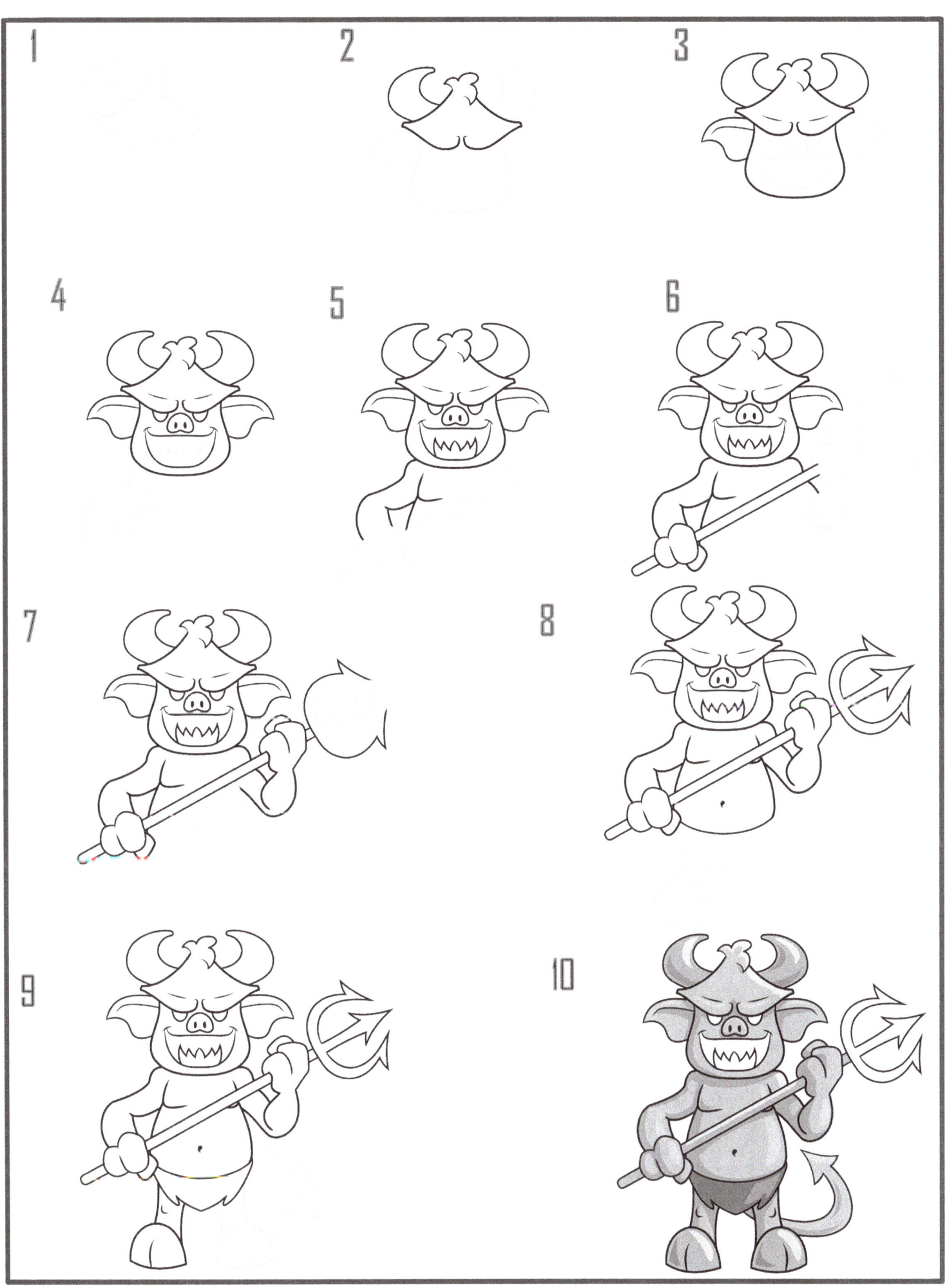

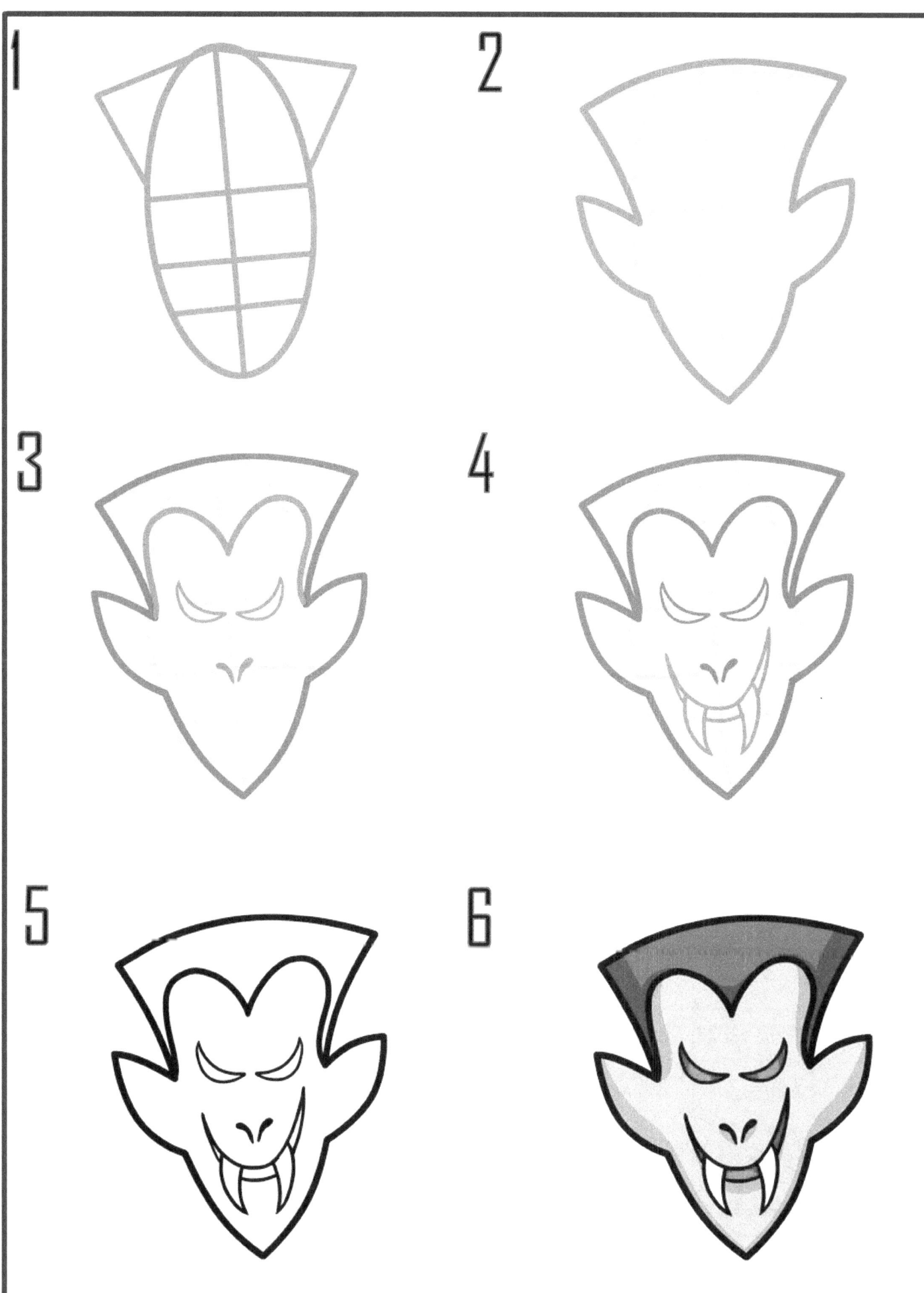

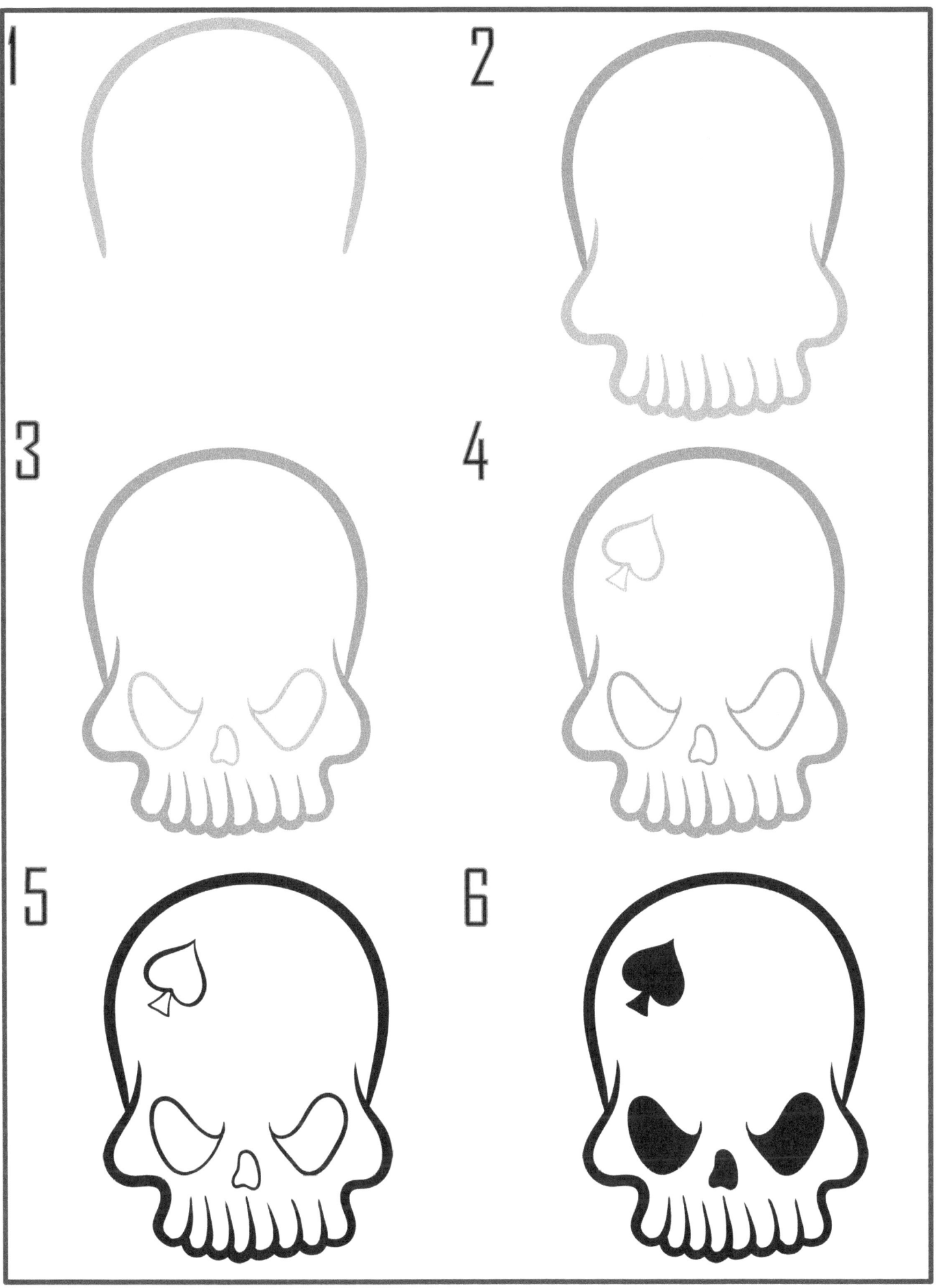

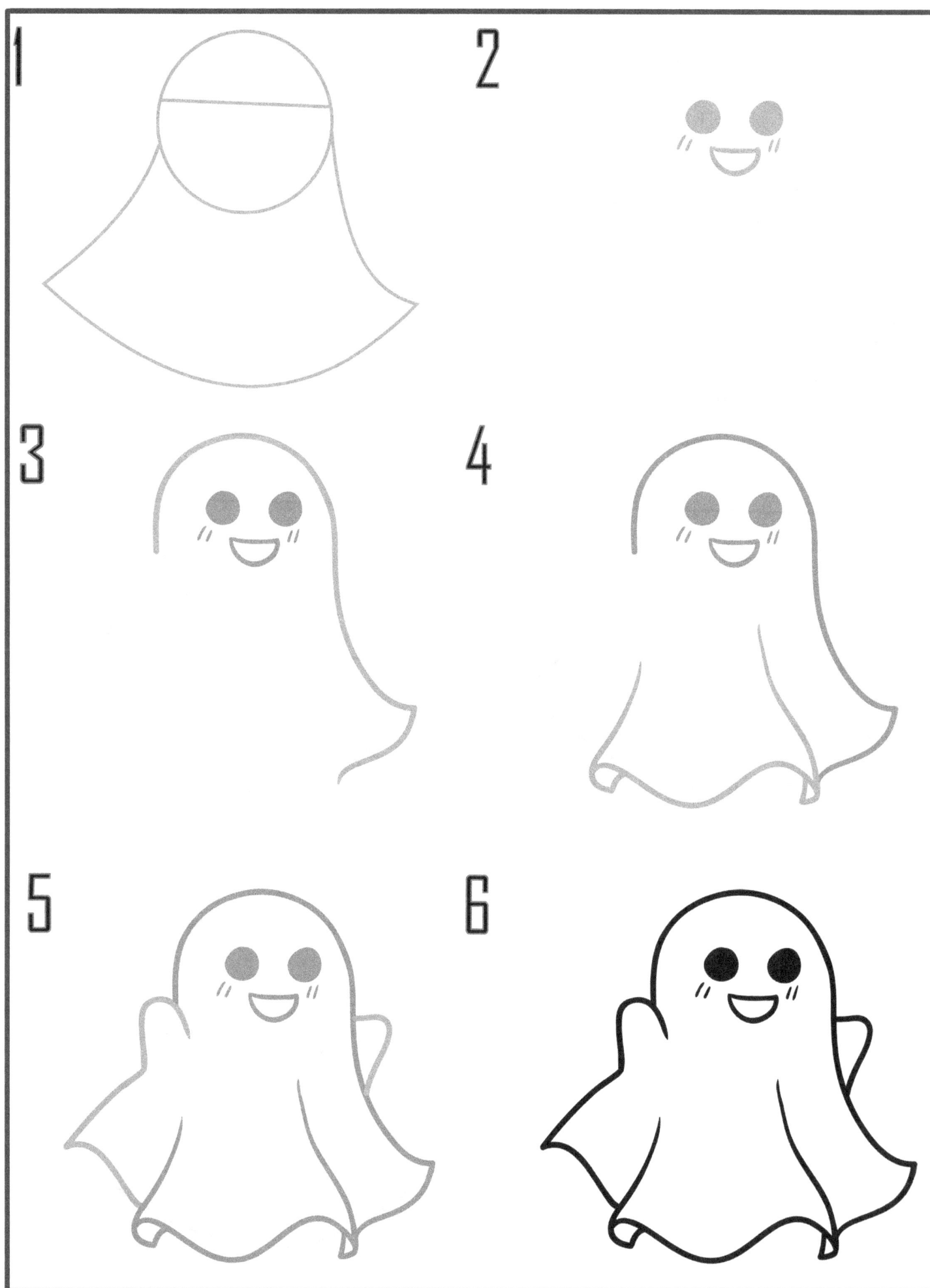

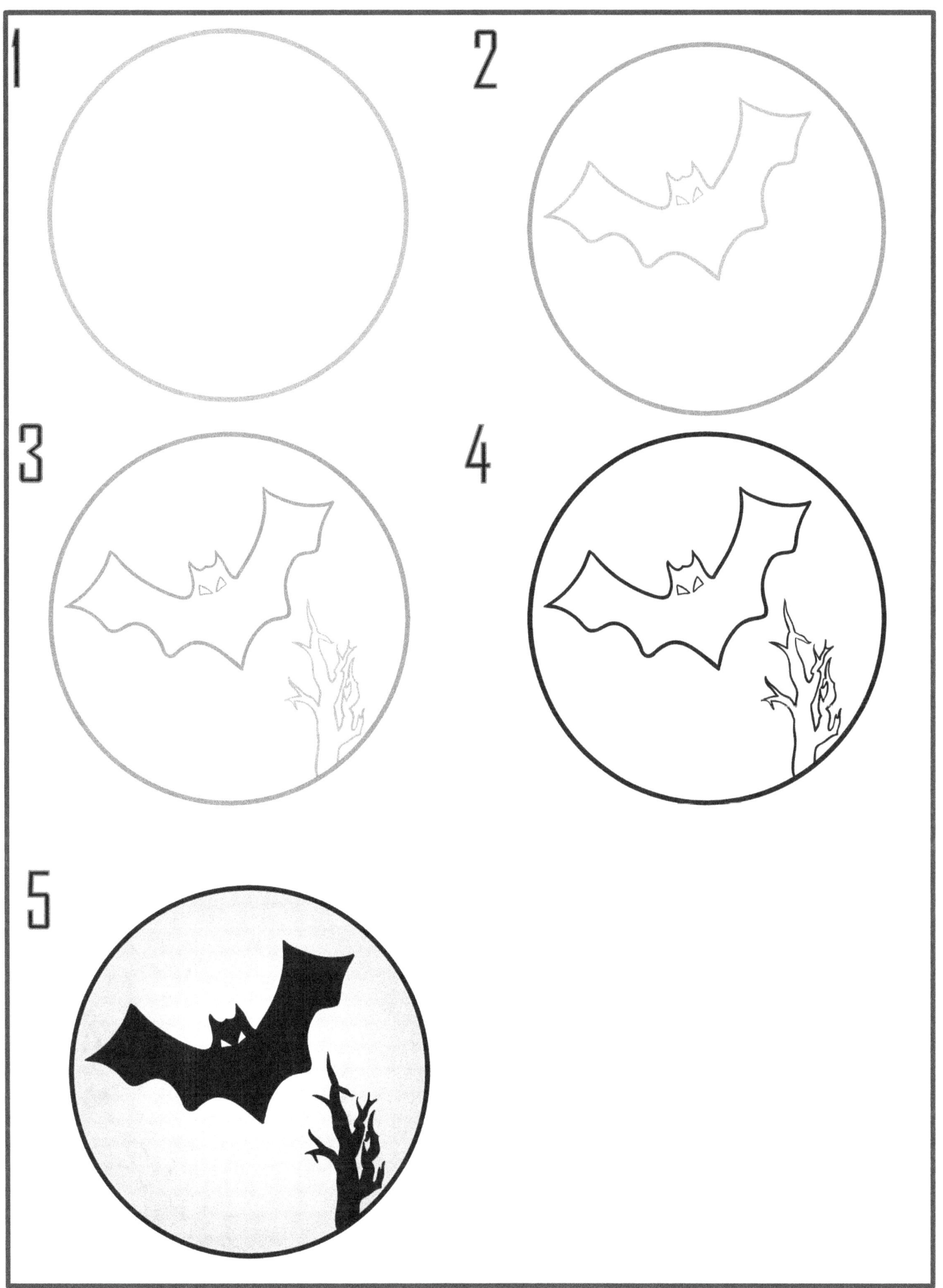

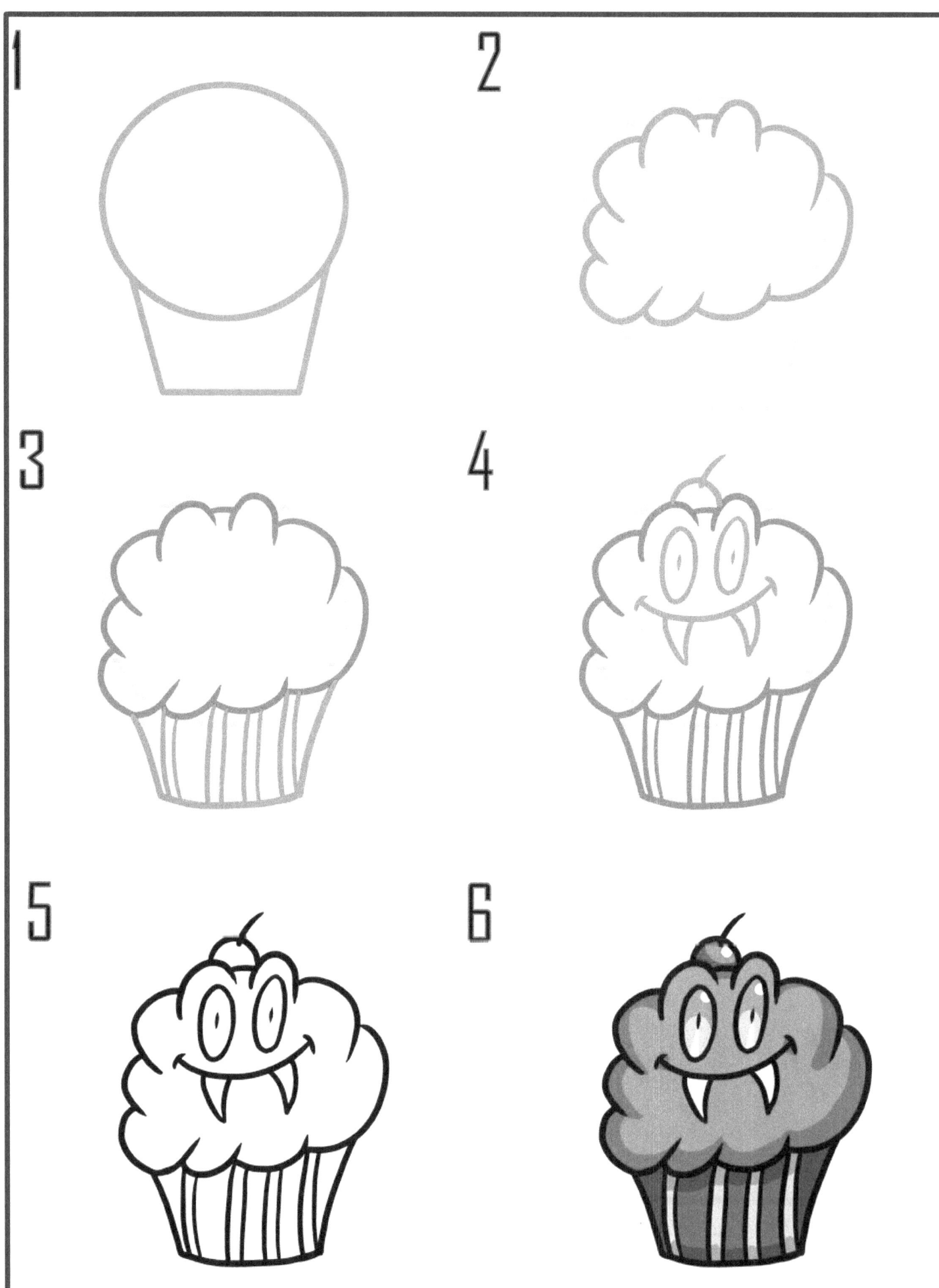

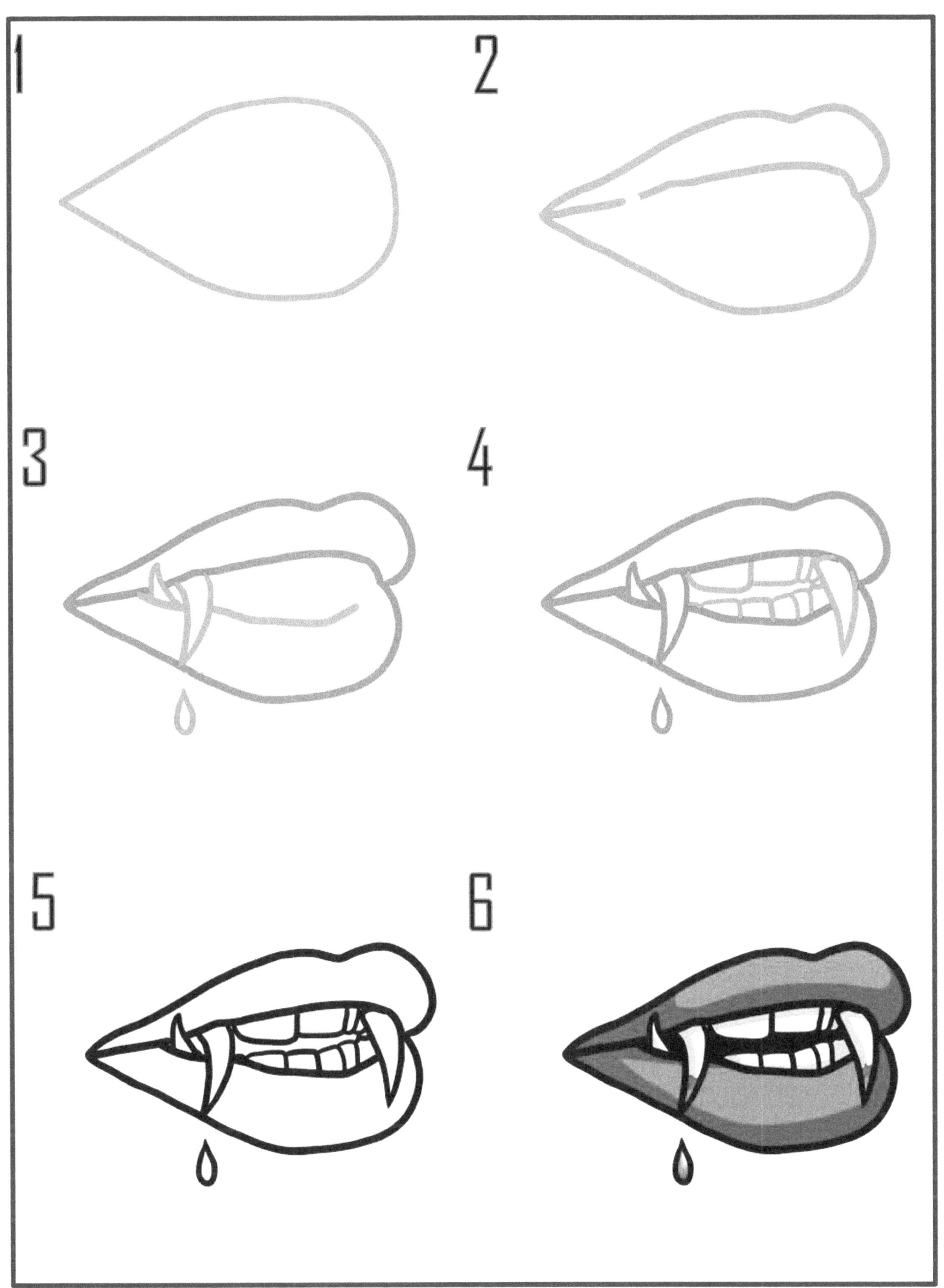

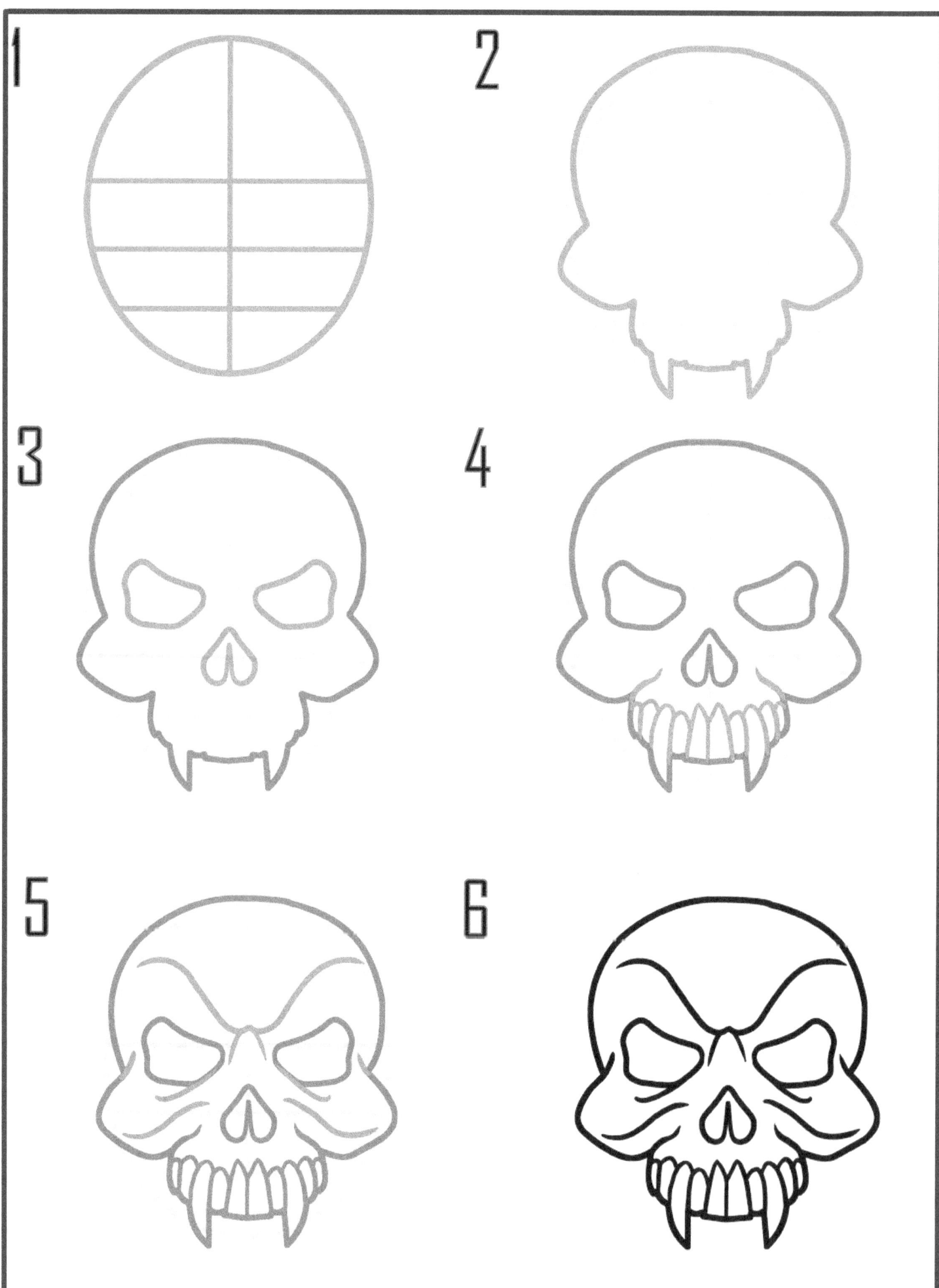

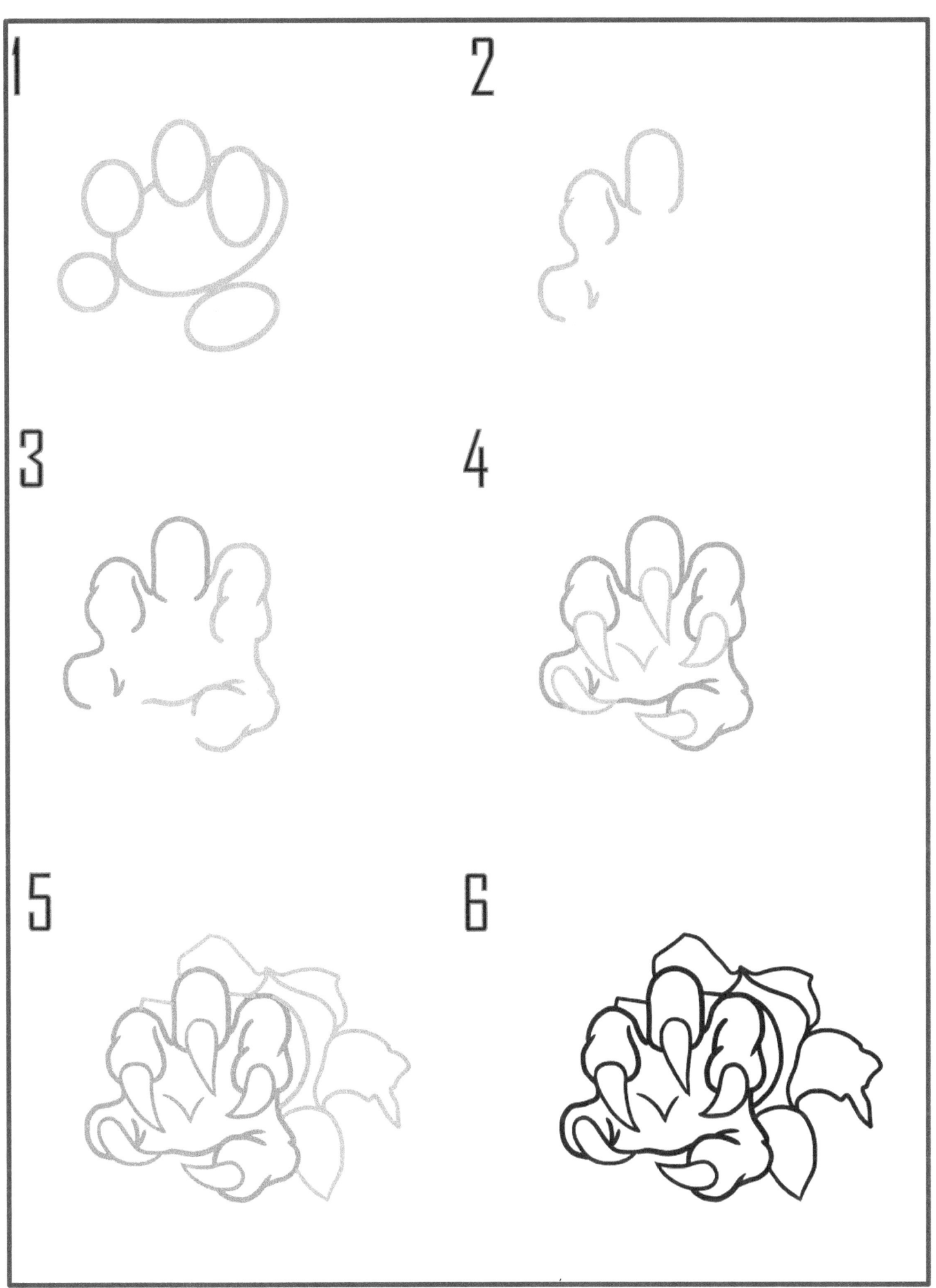

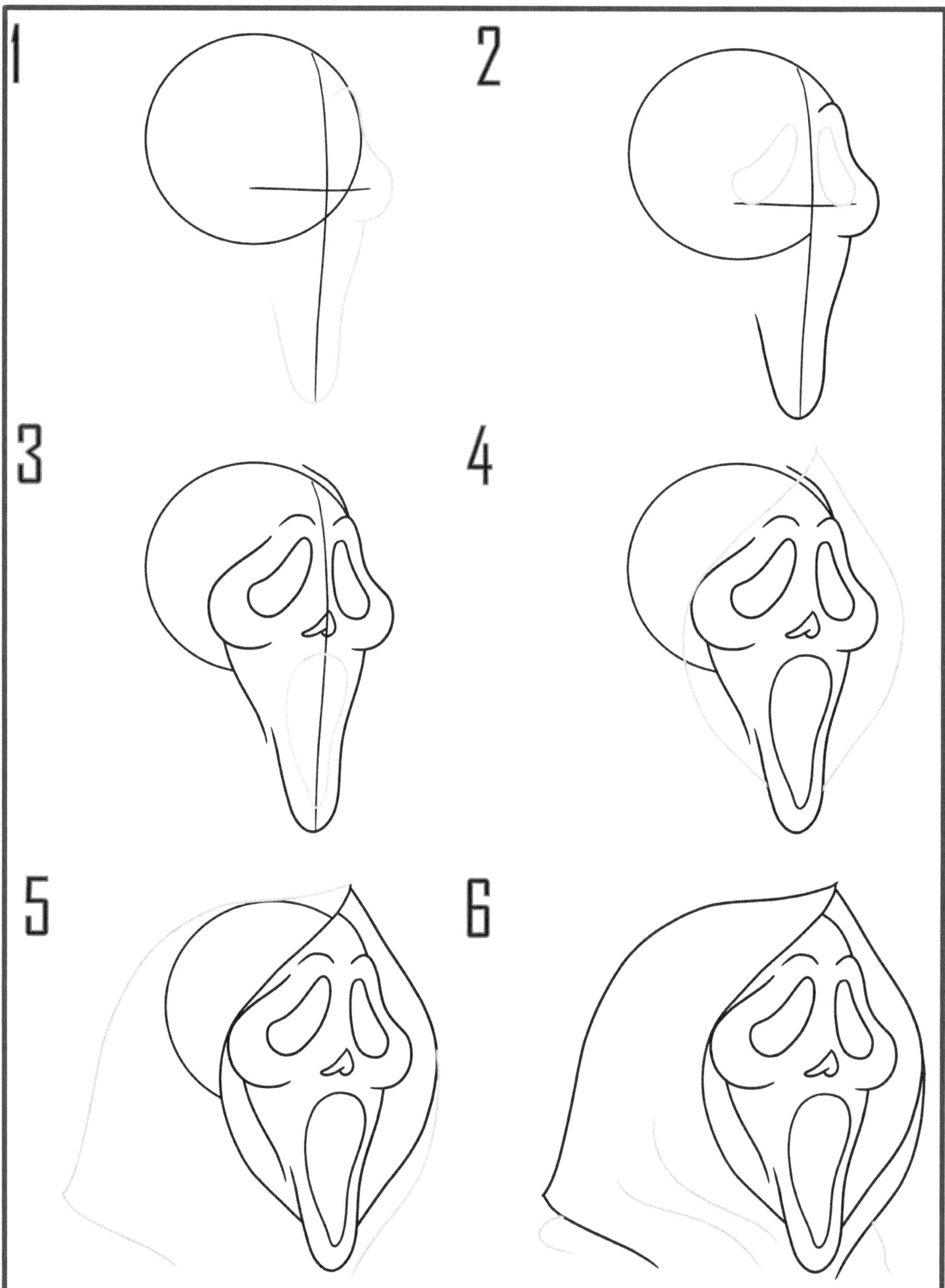

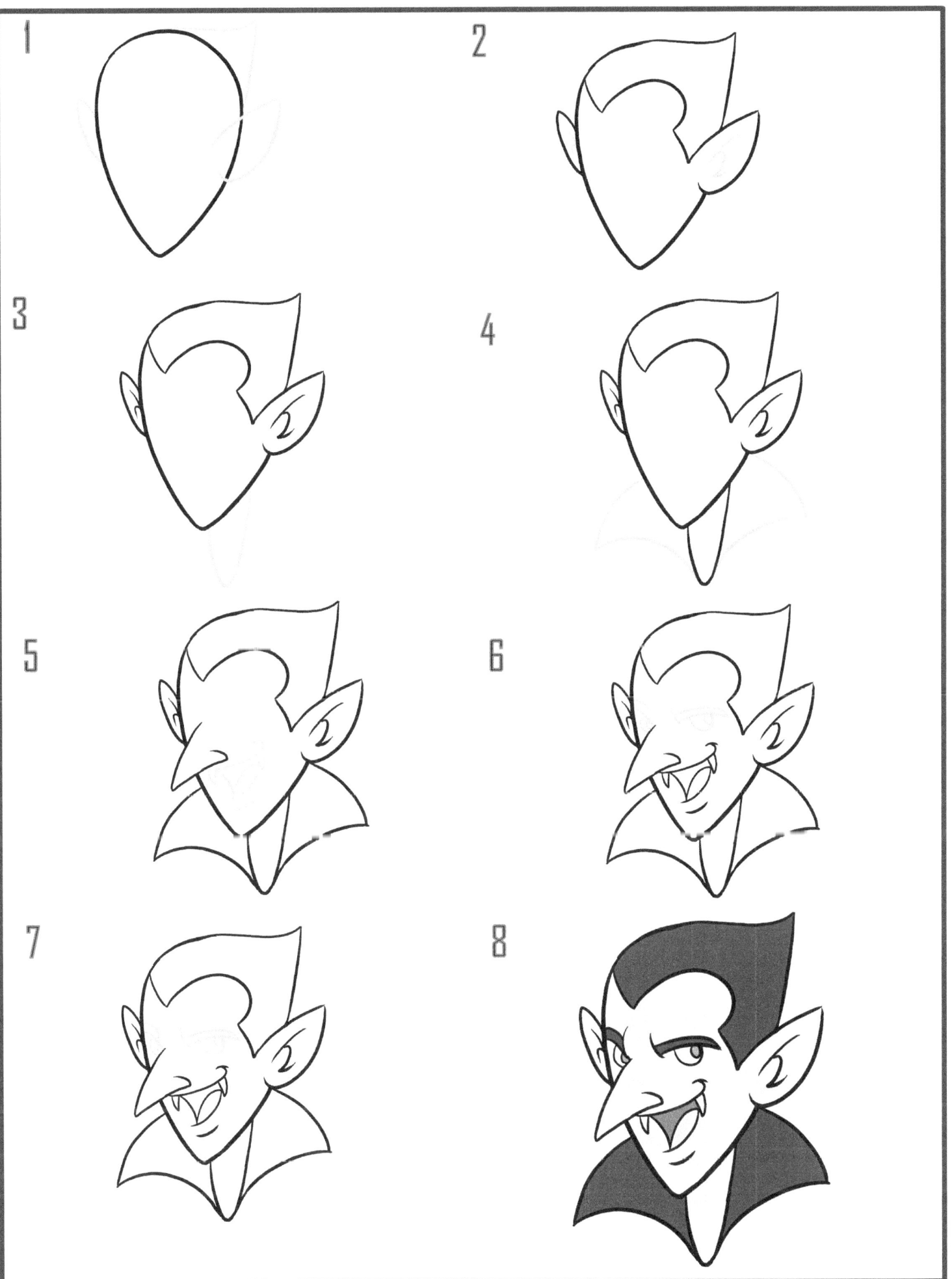

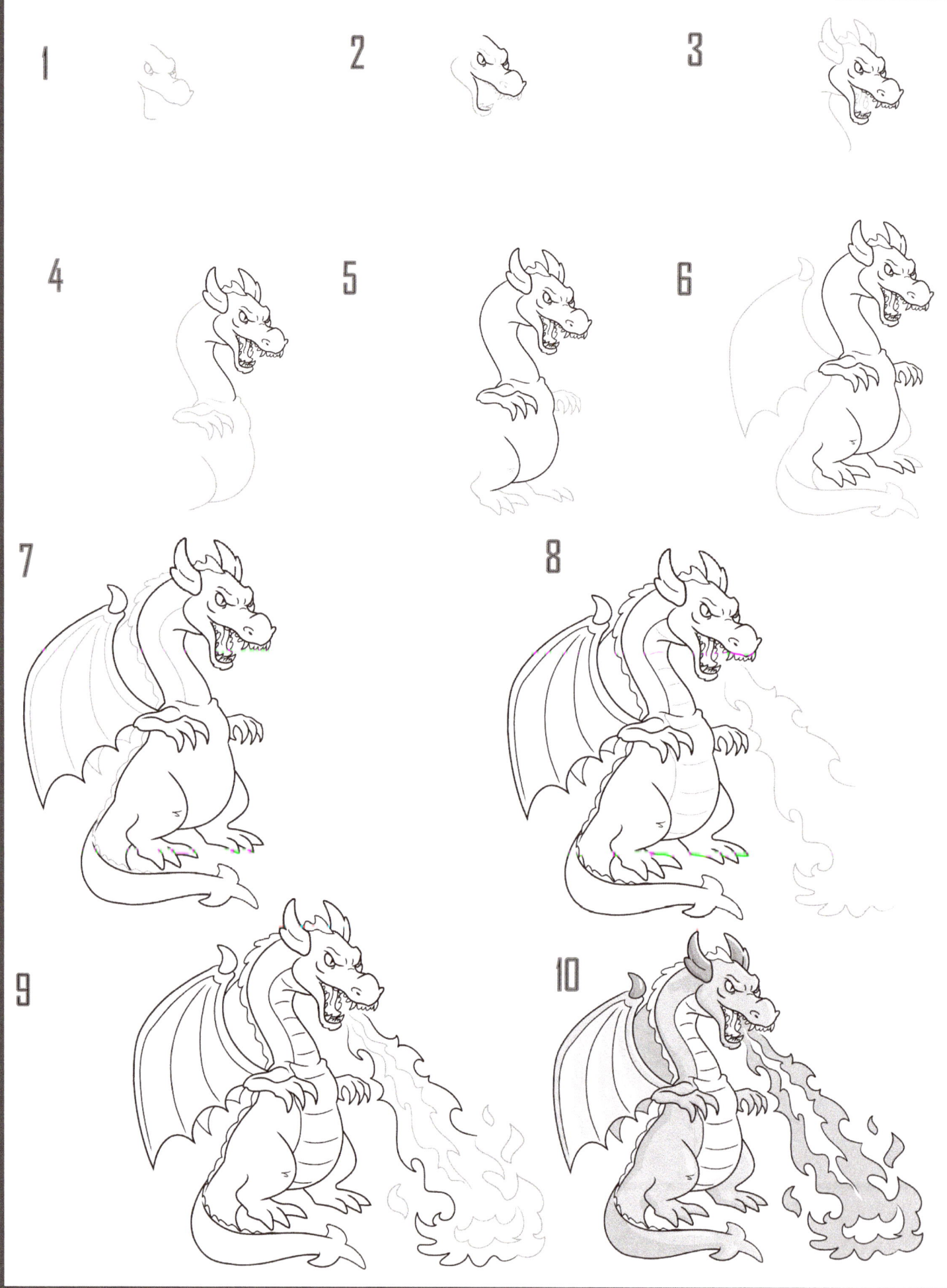

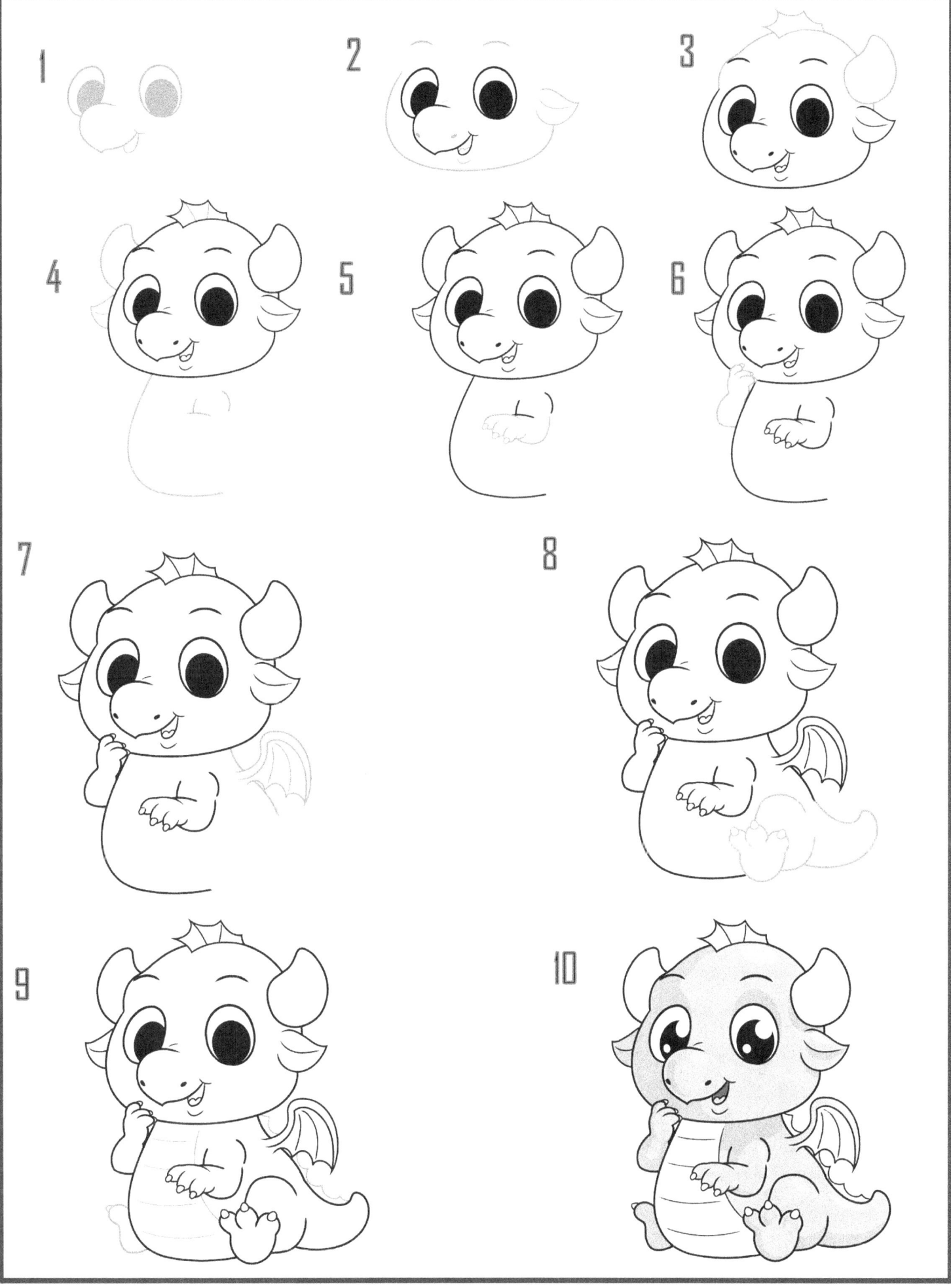

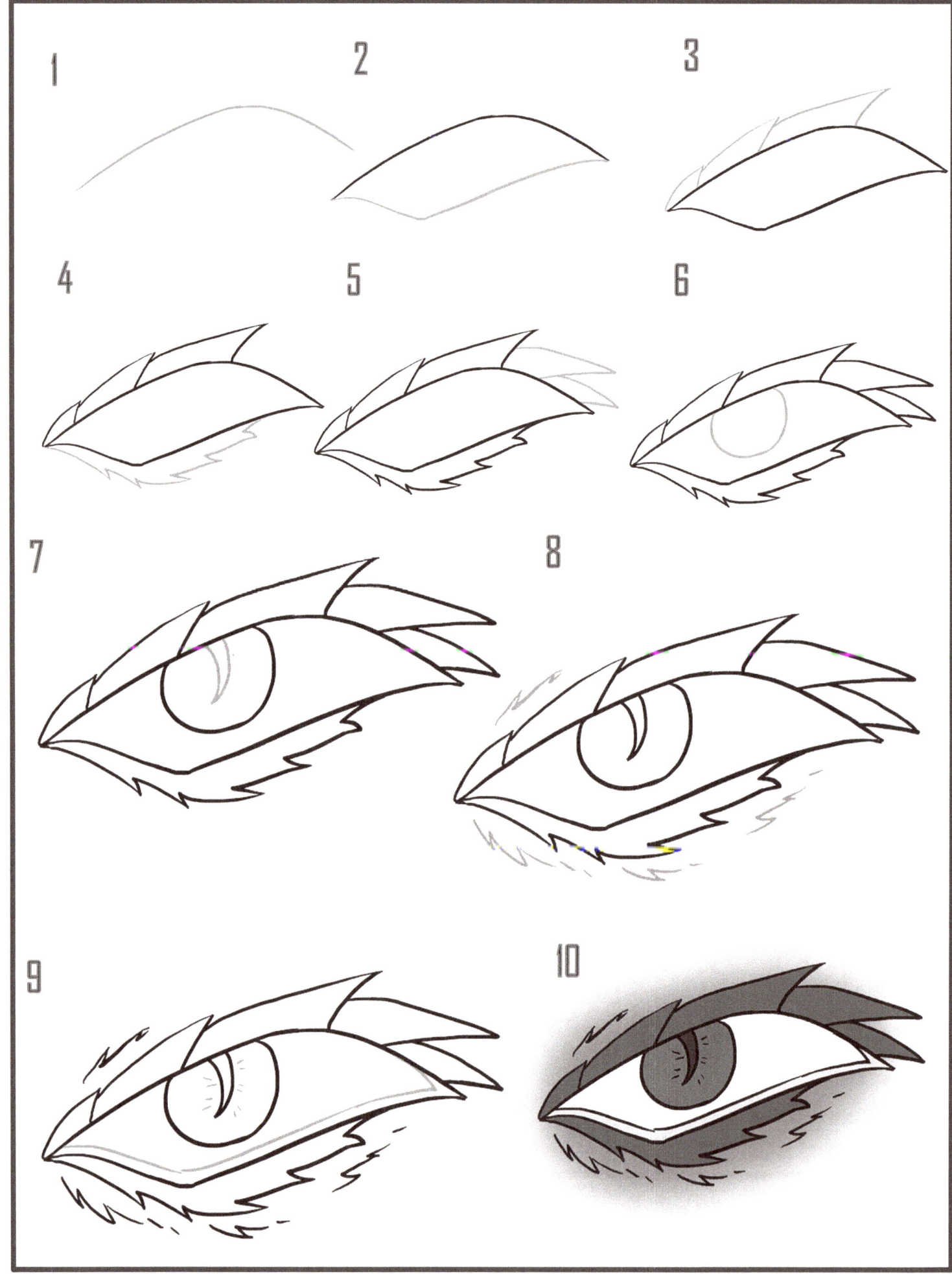

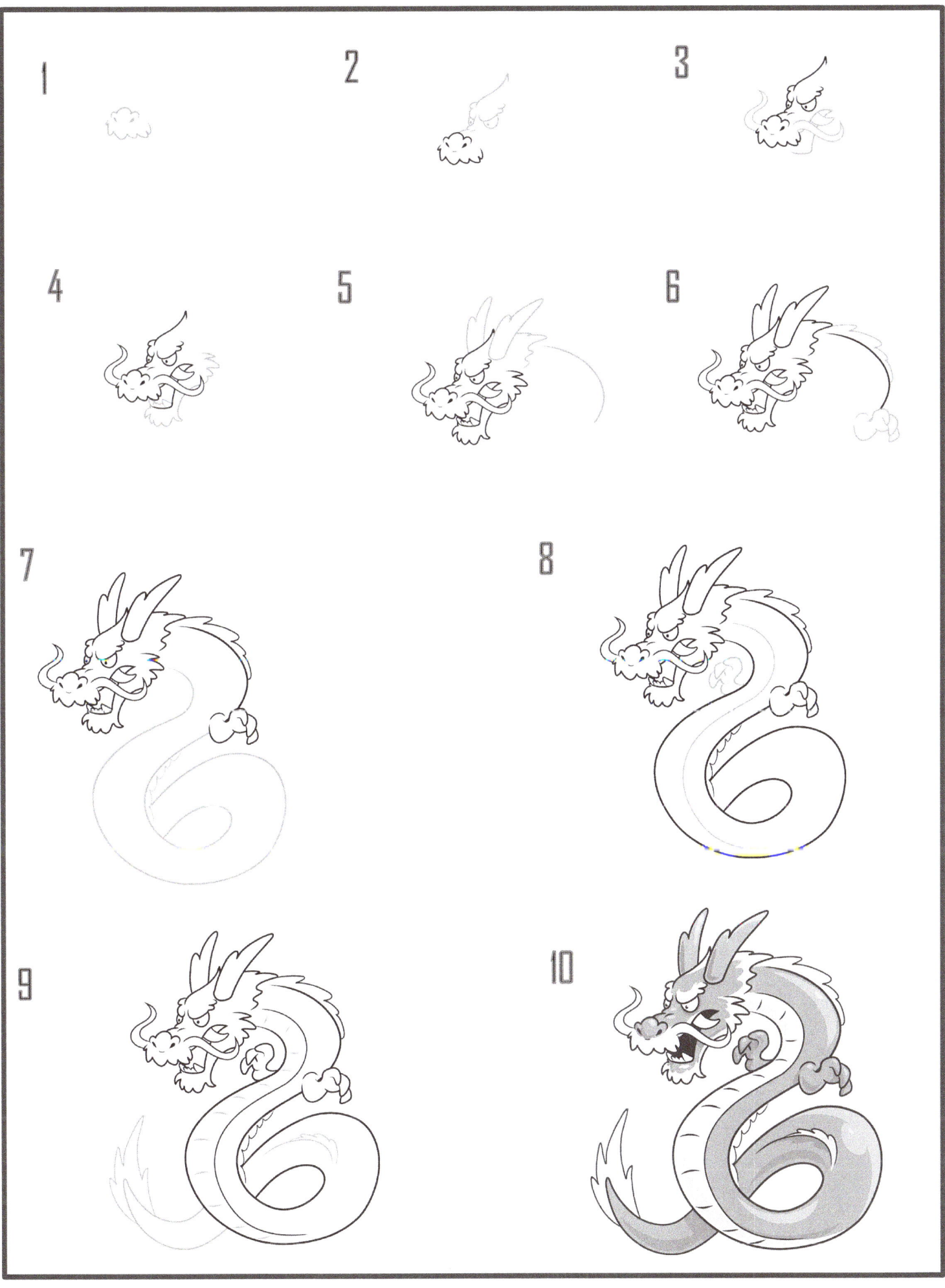

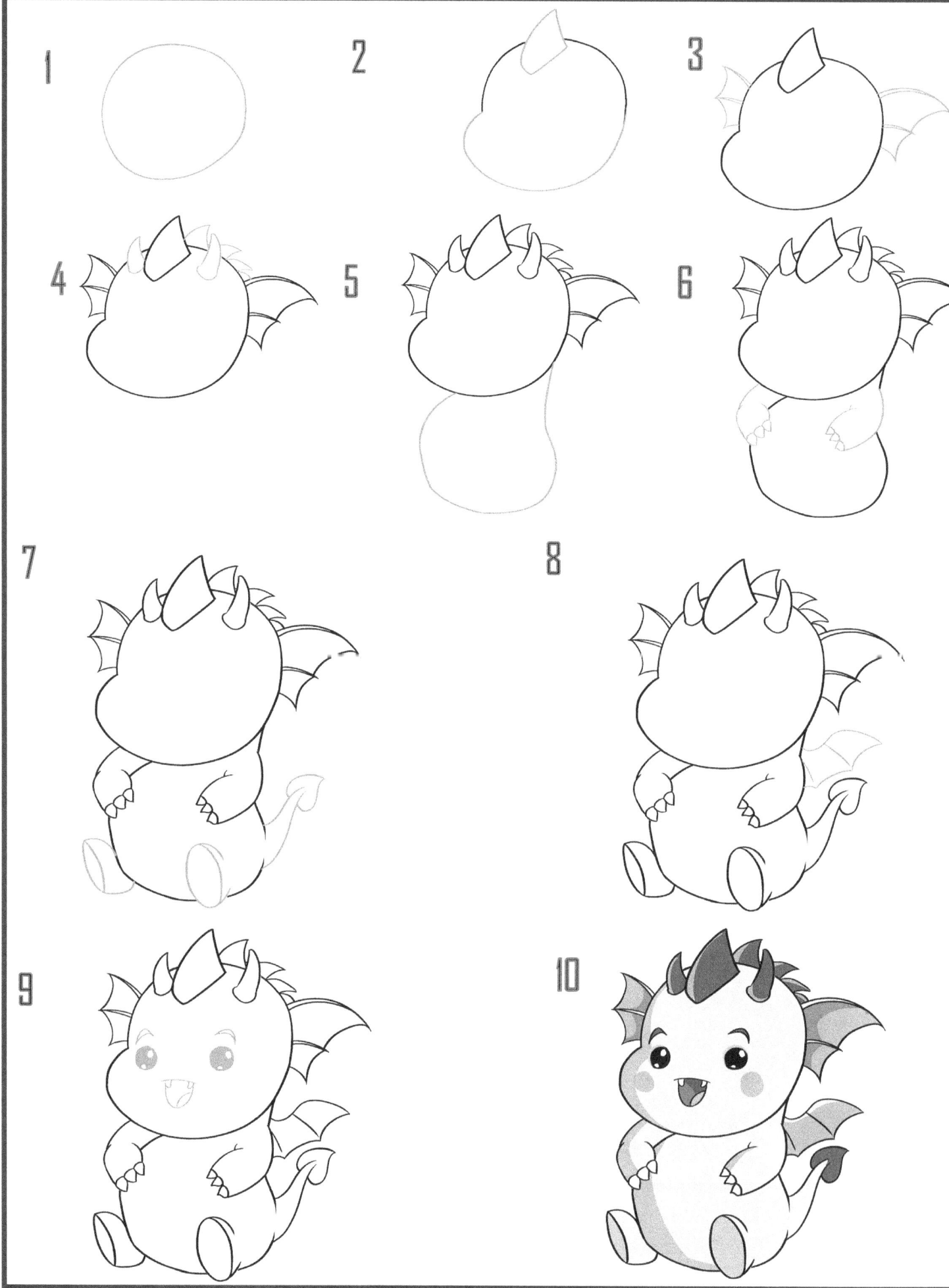

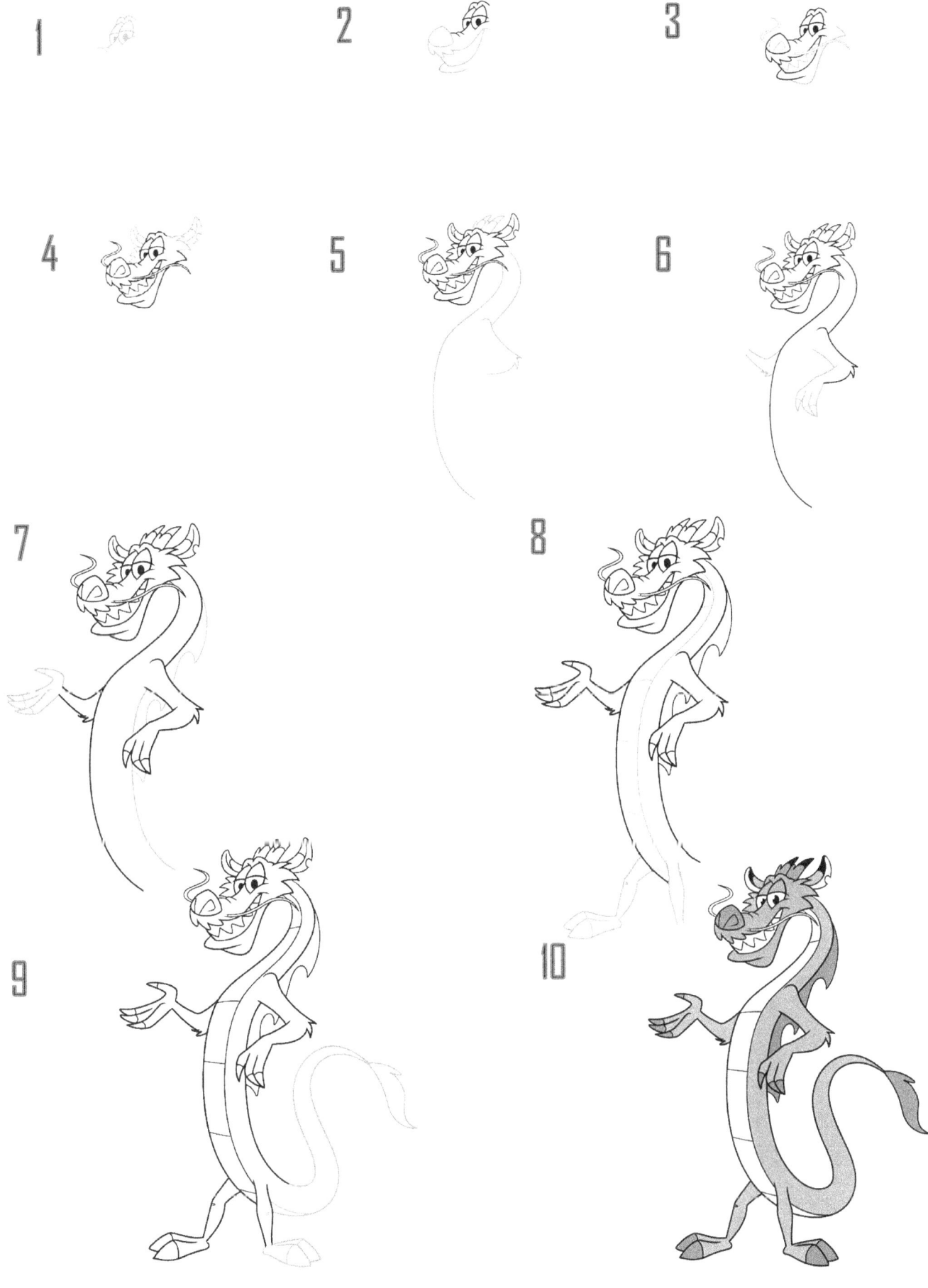

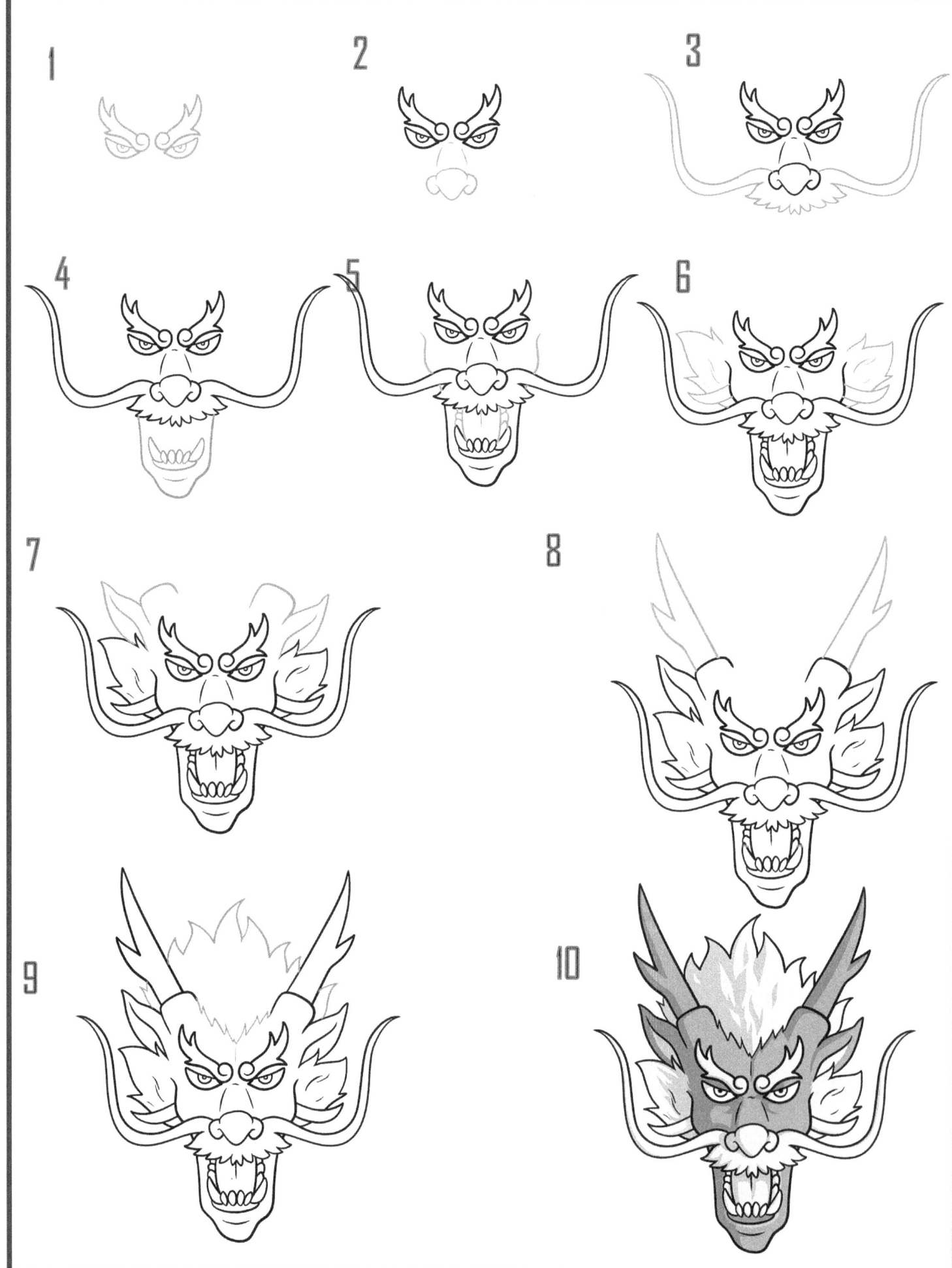

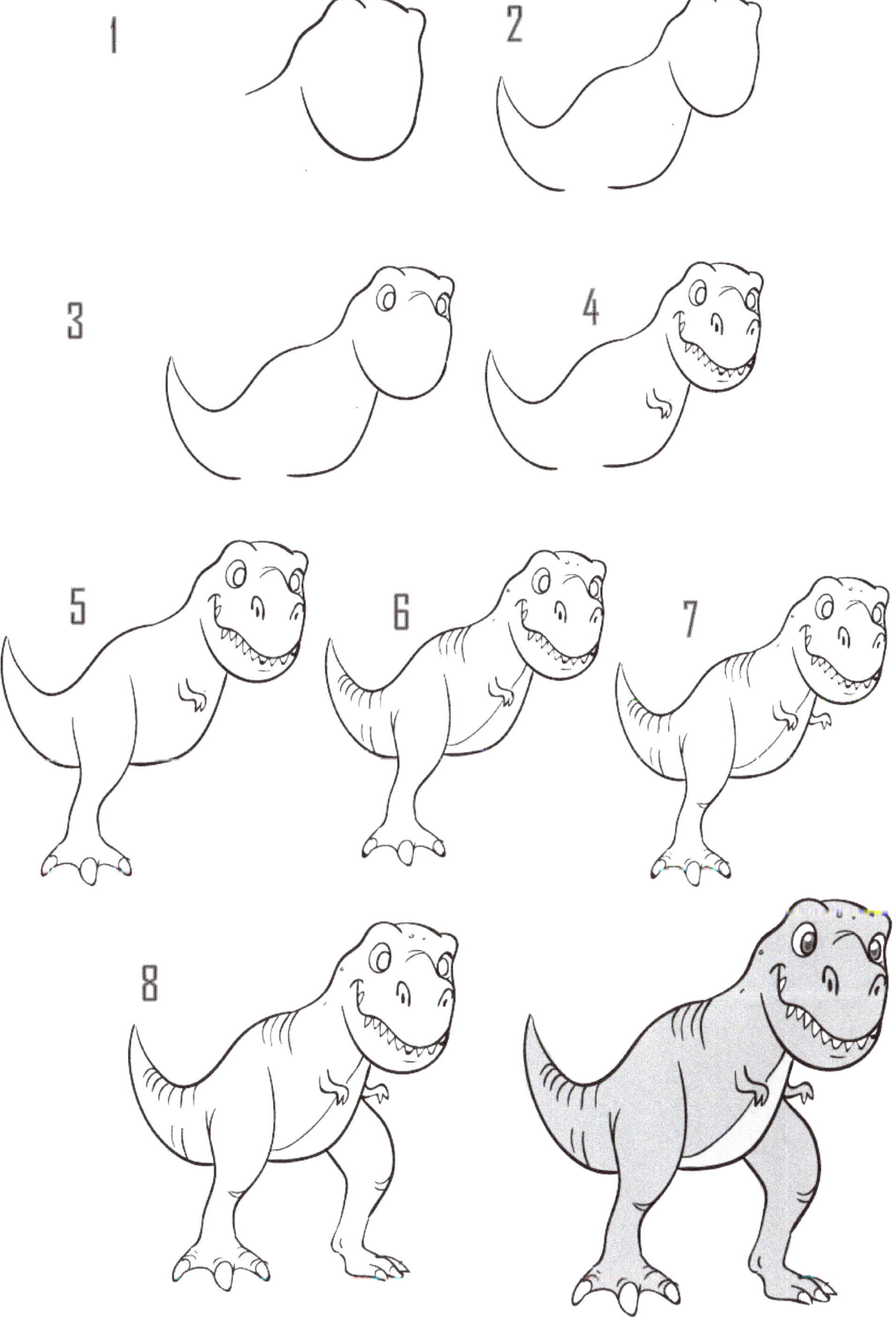

1

2

3

4

5

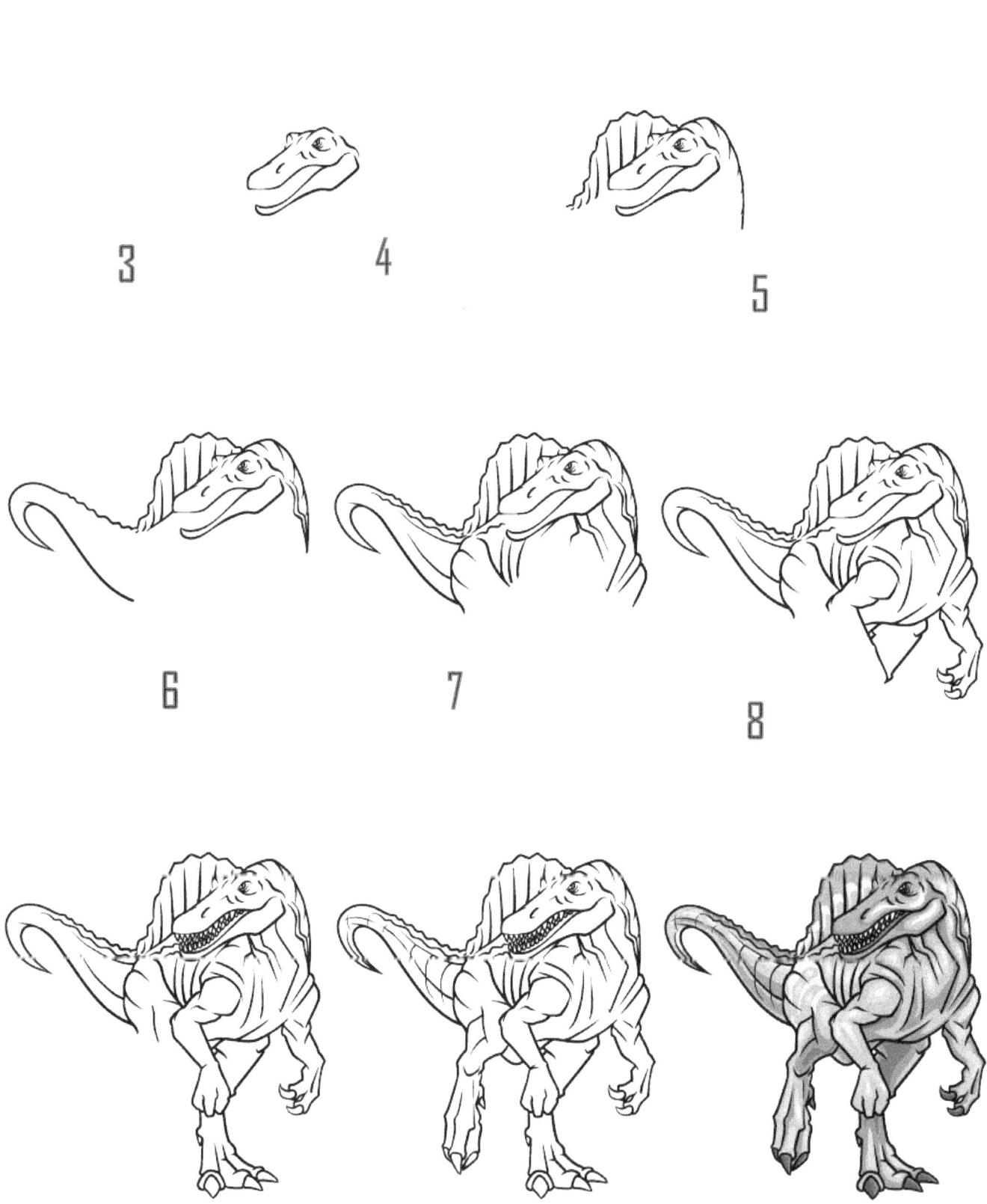

6

7

8

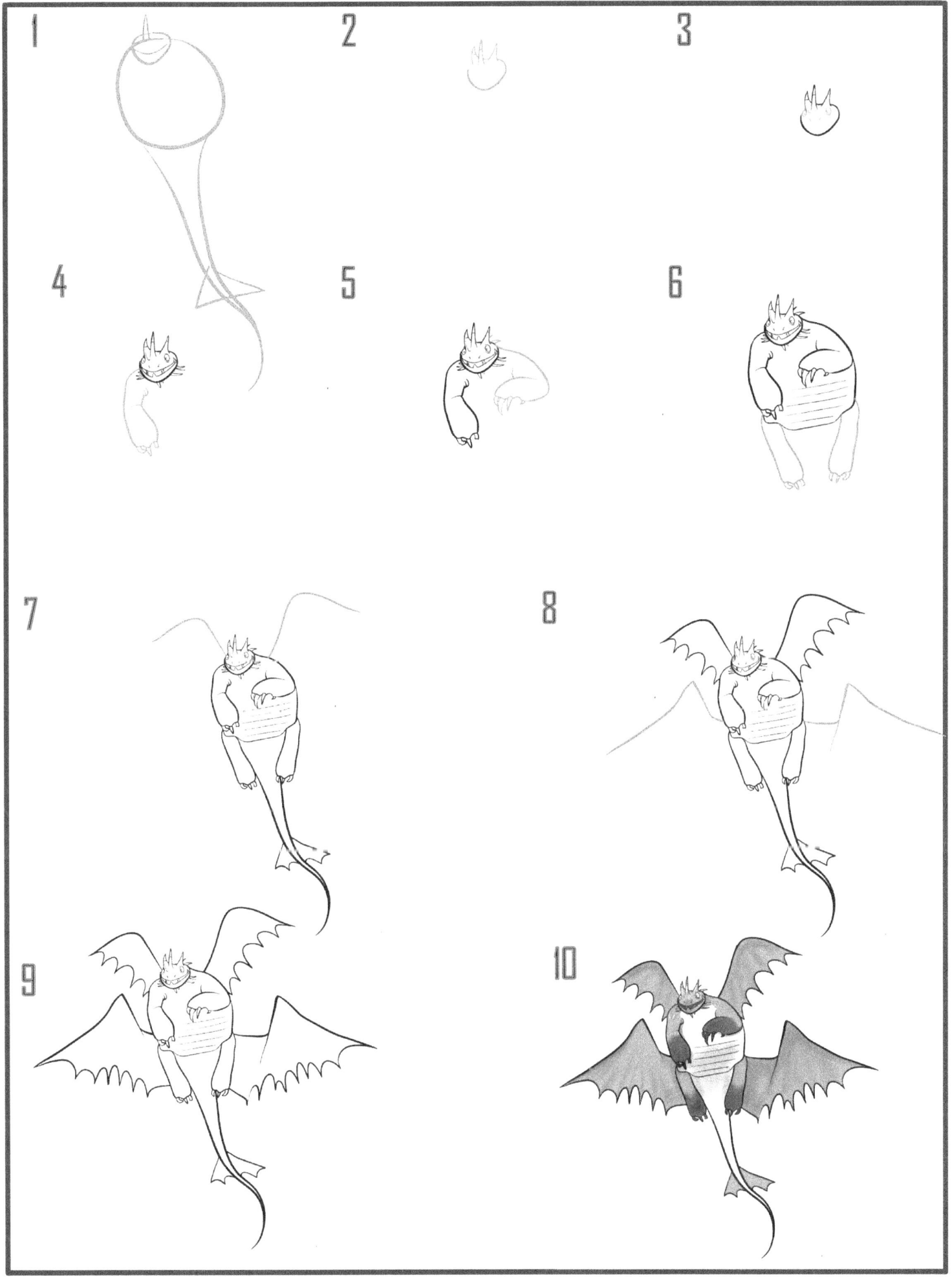

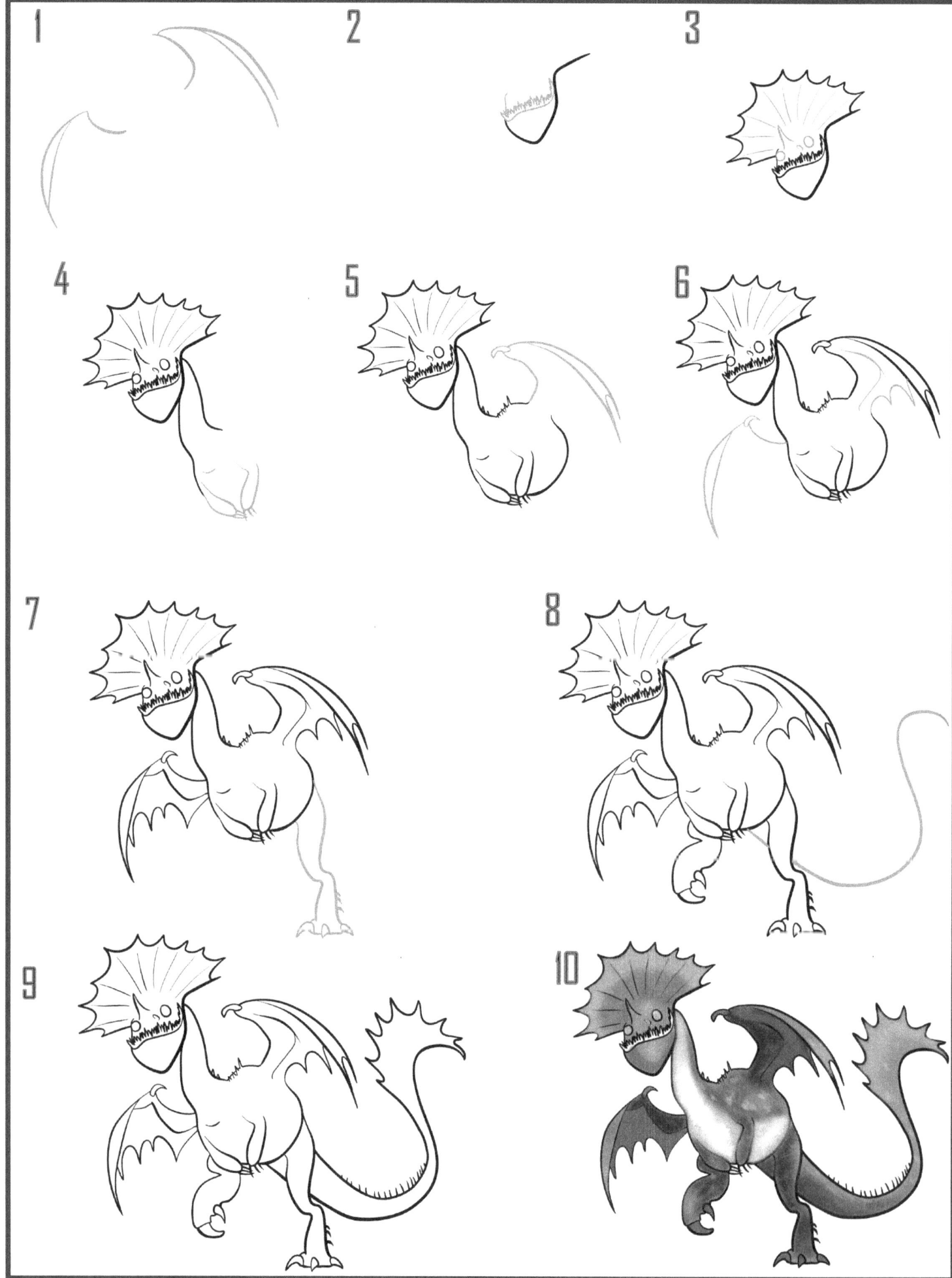

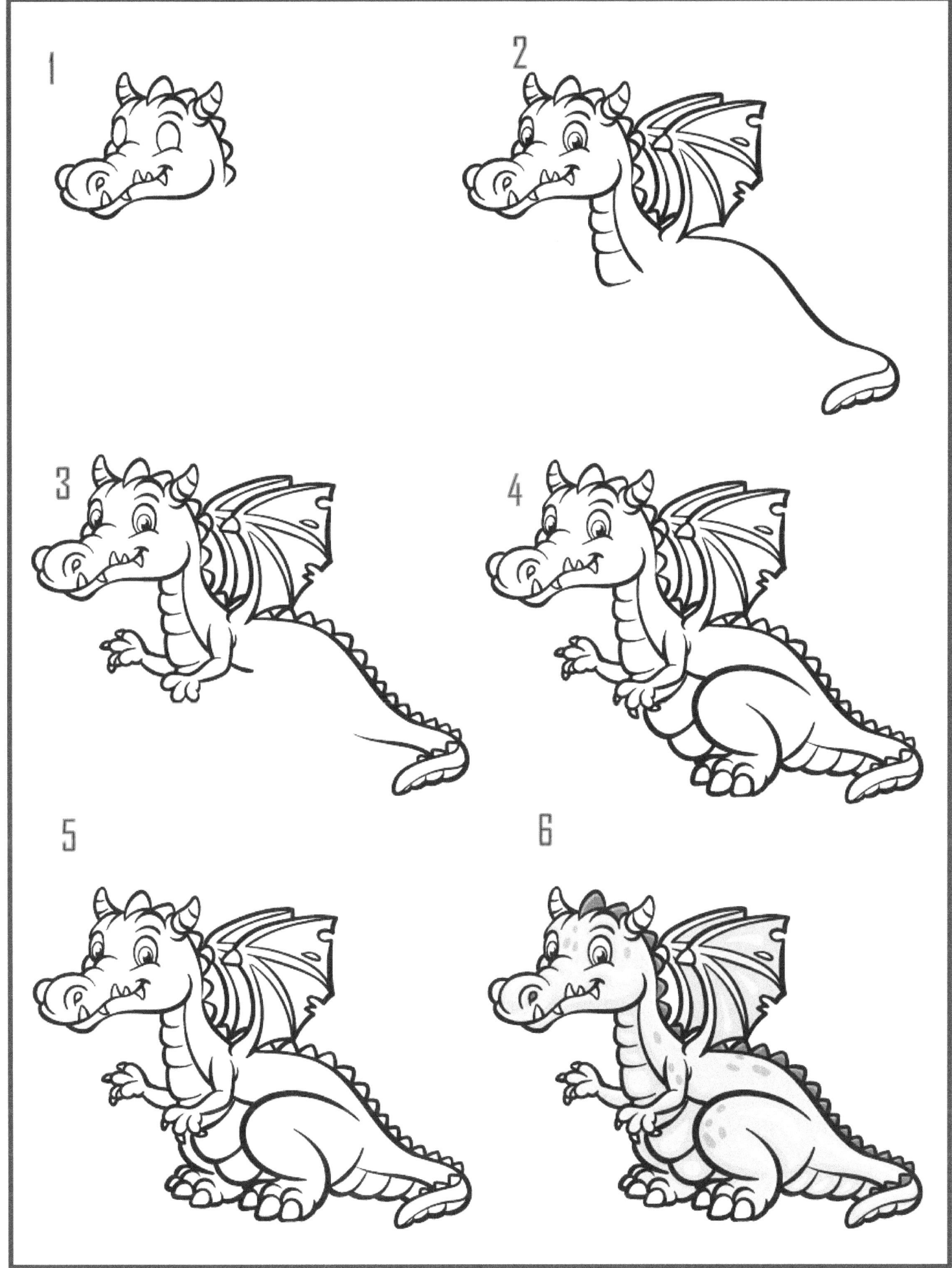

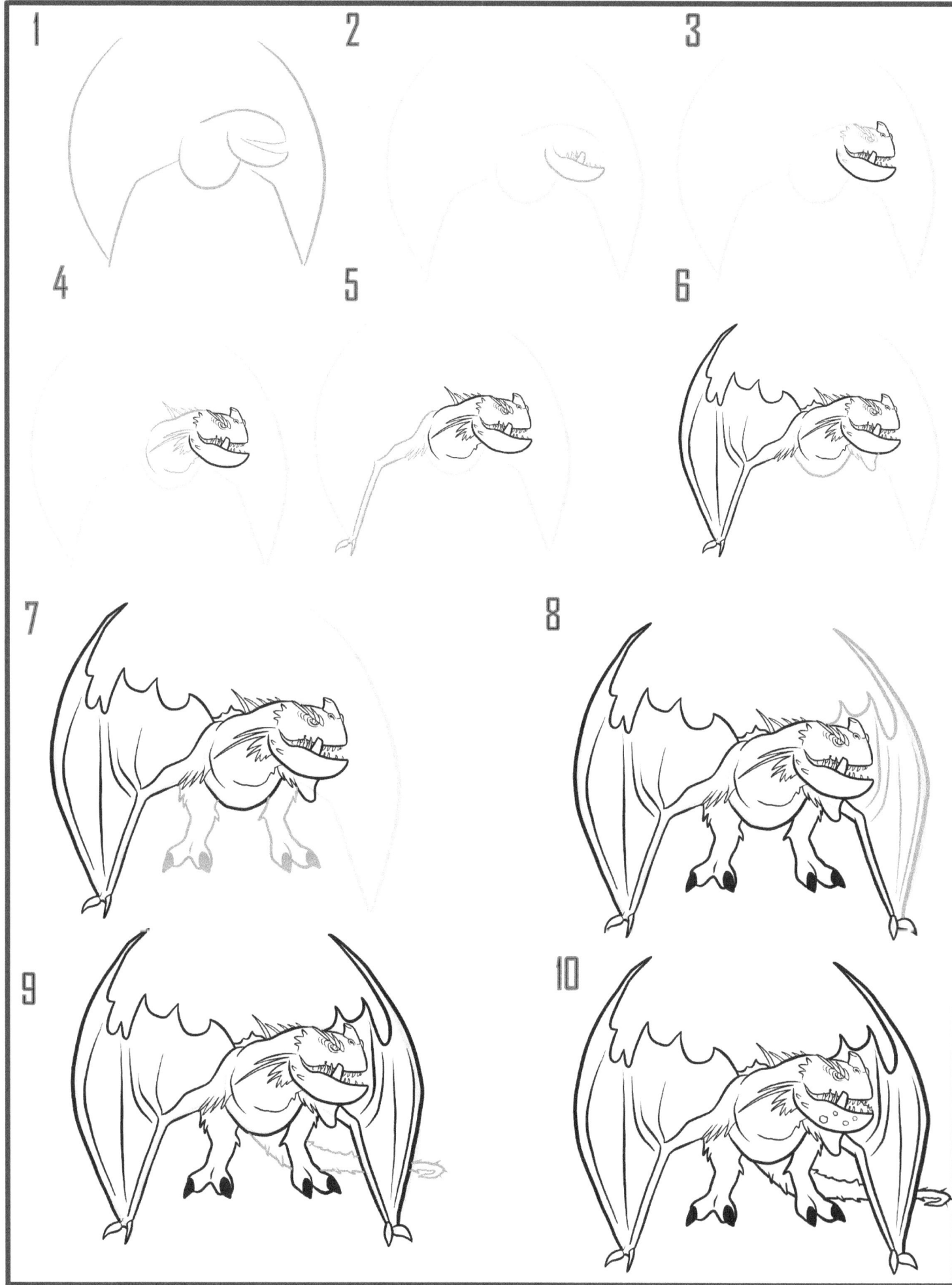

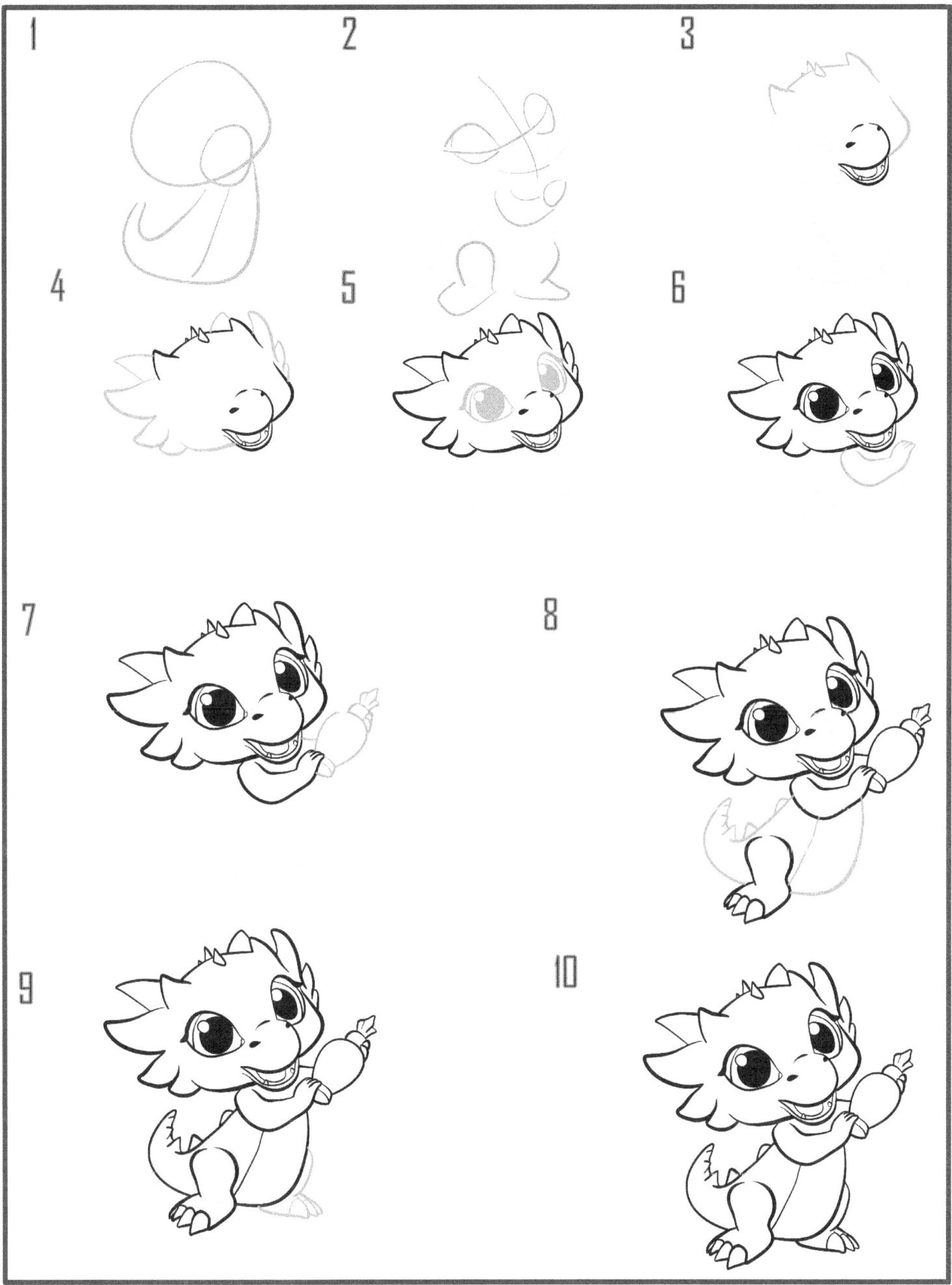

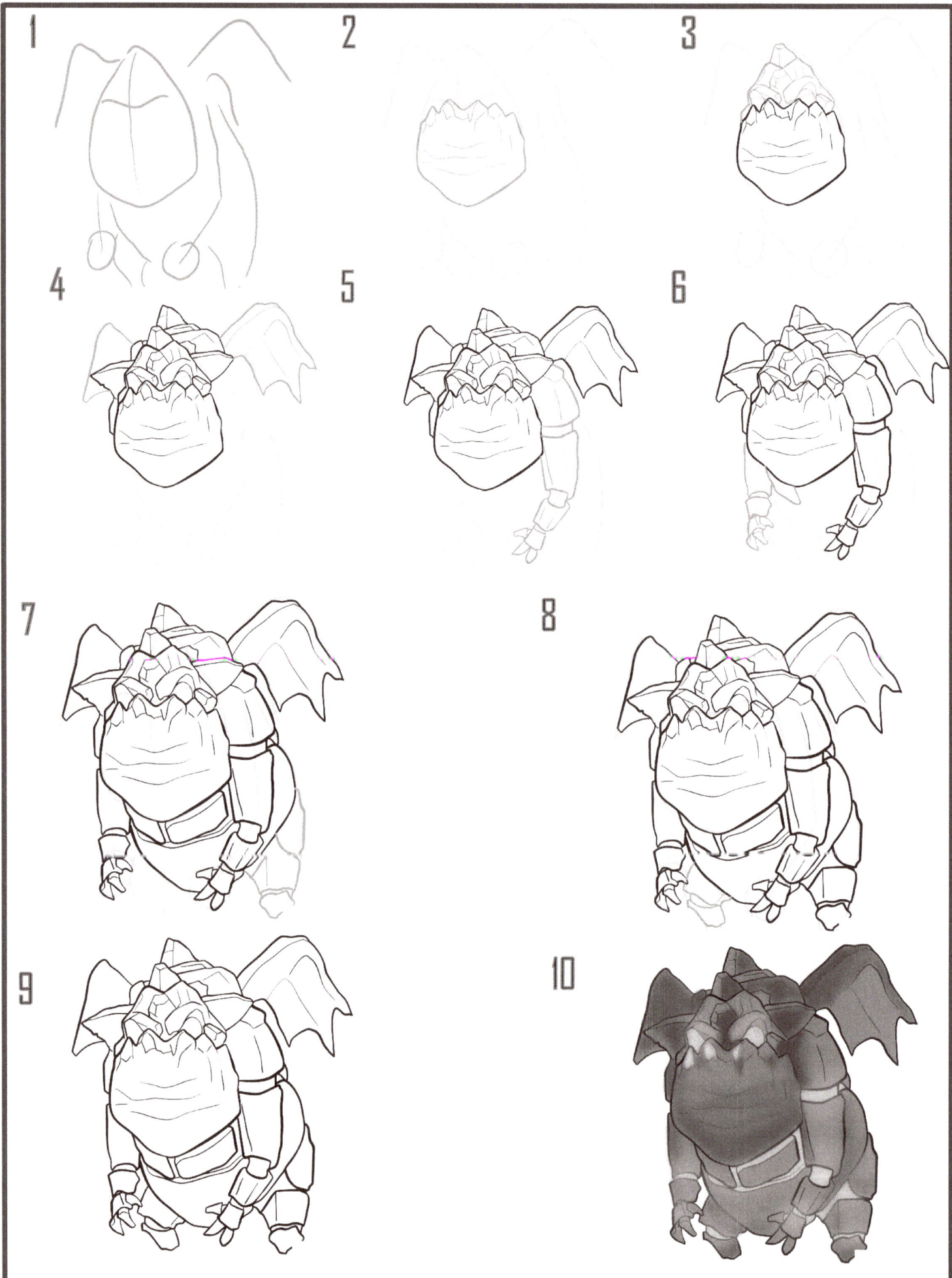

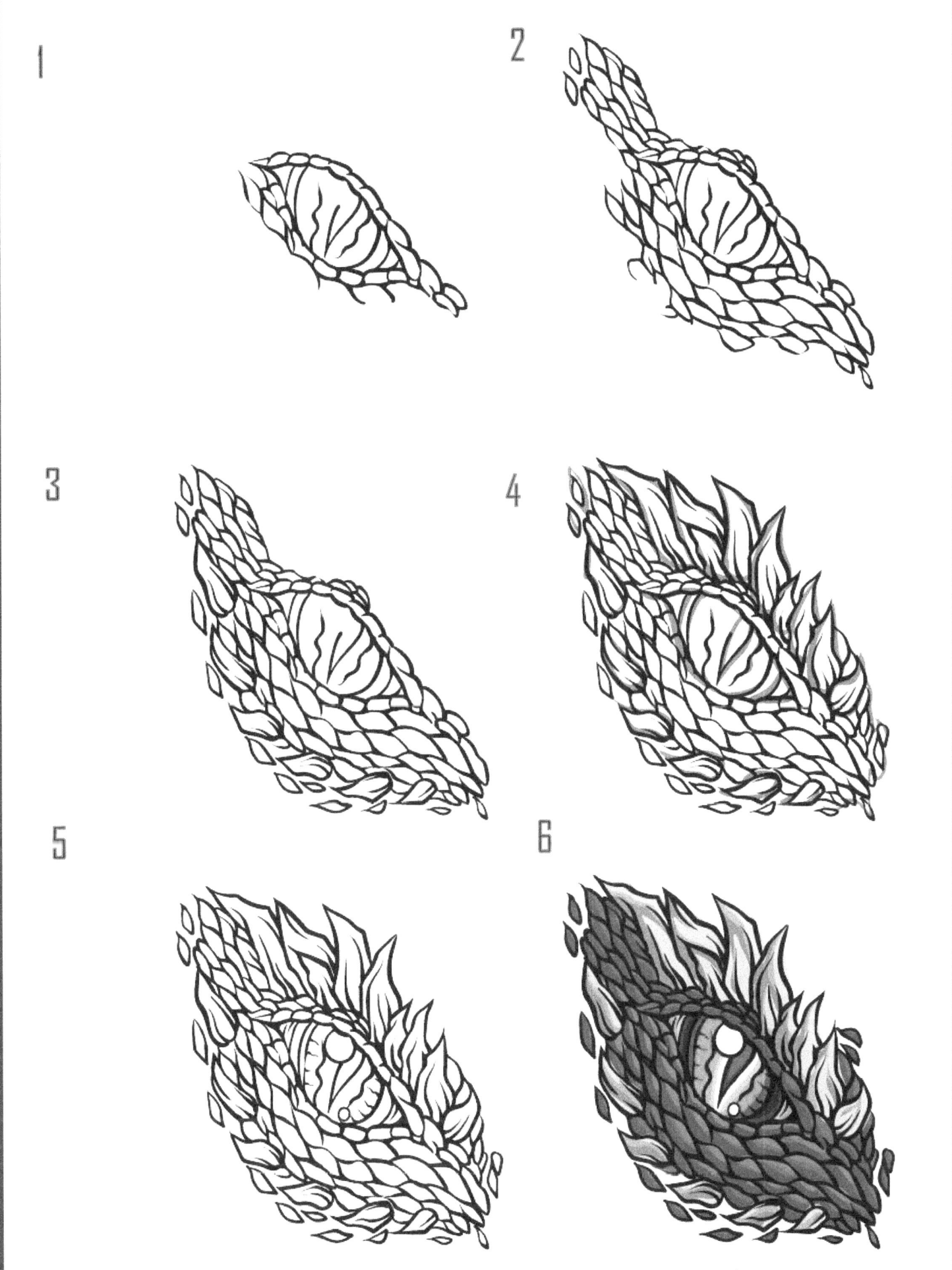

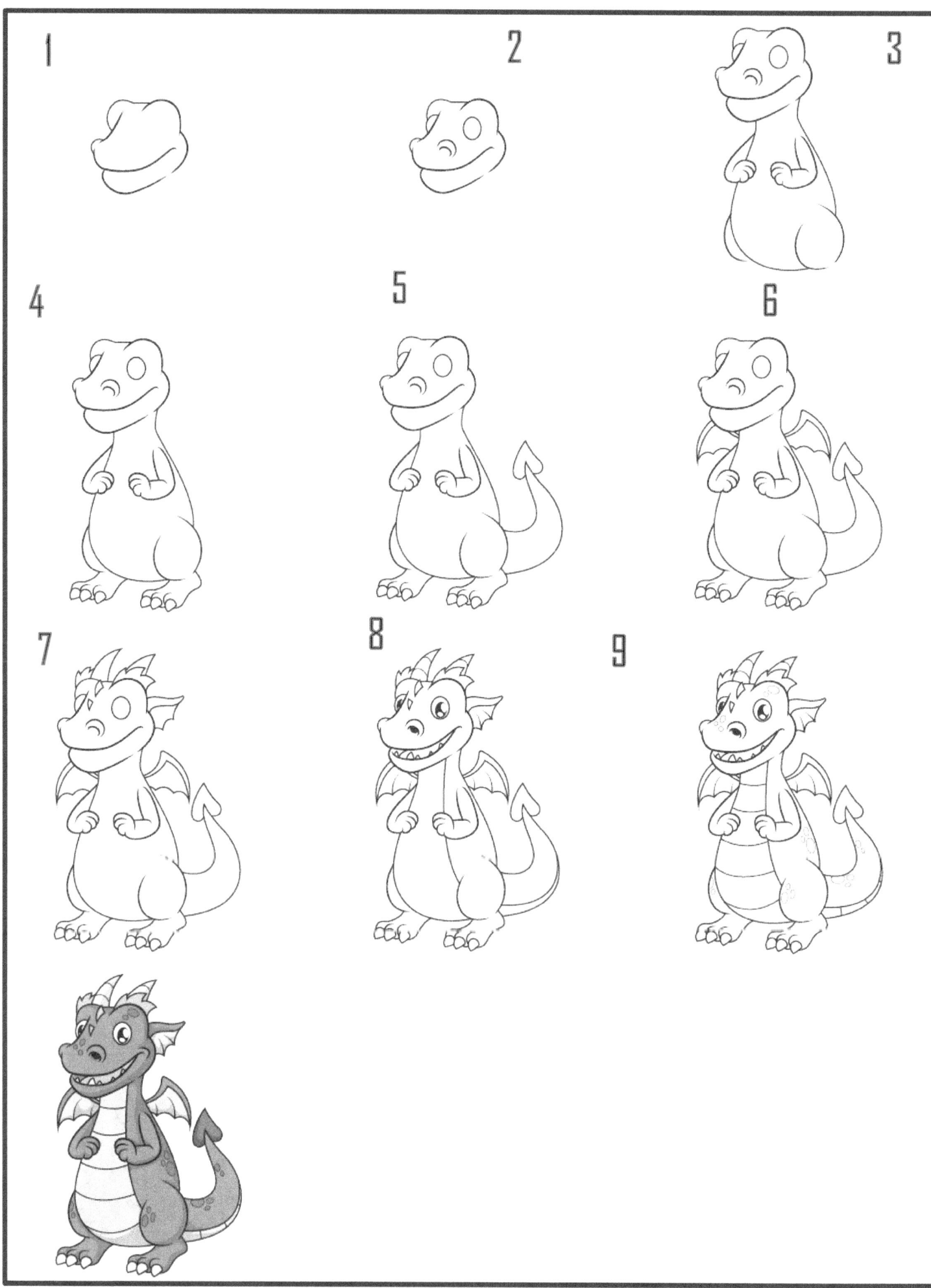

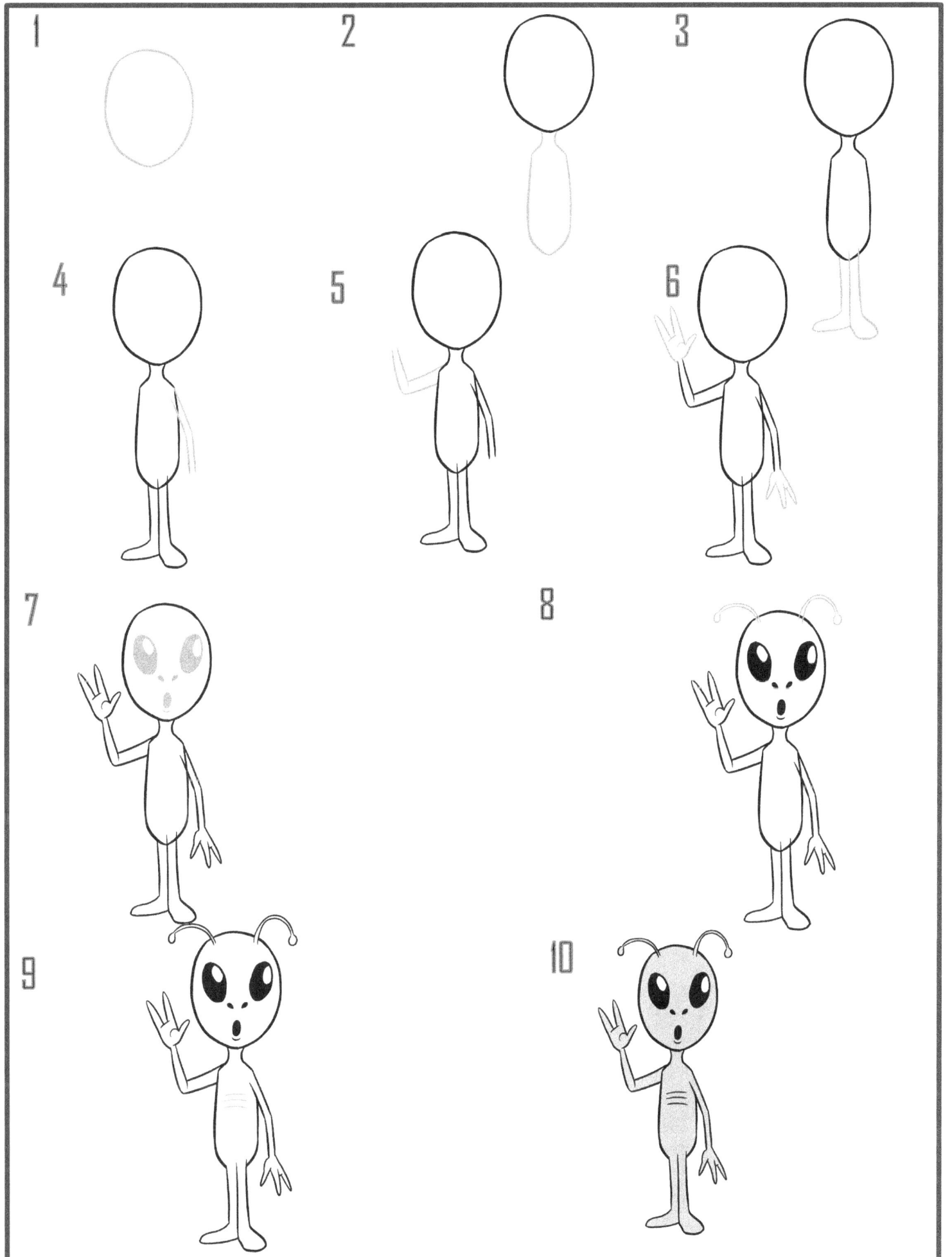

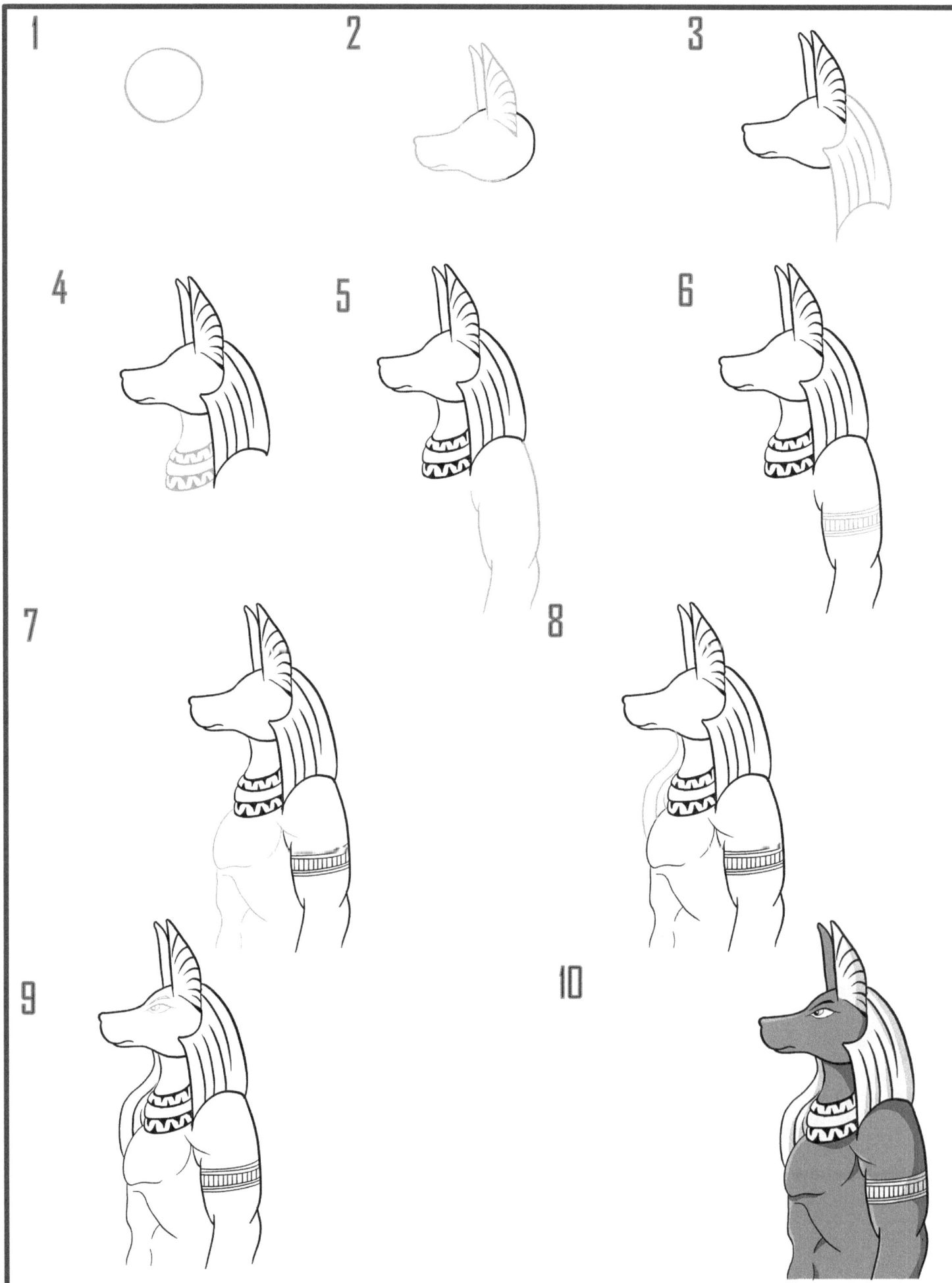

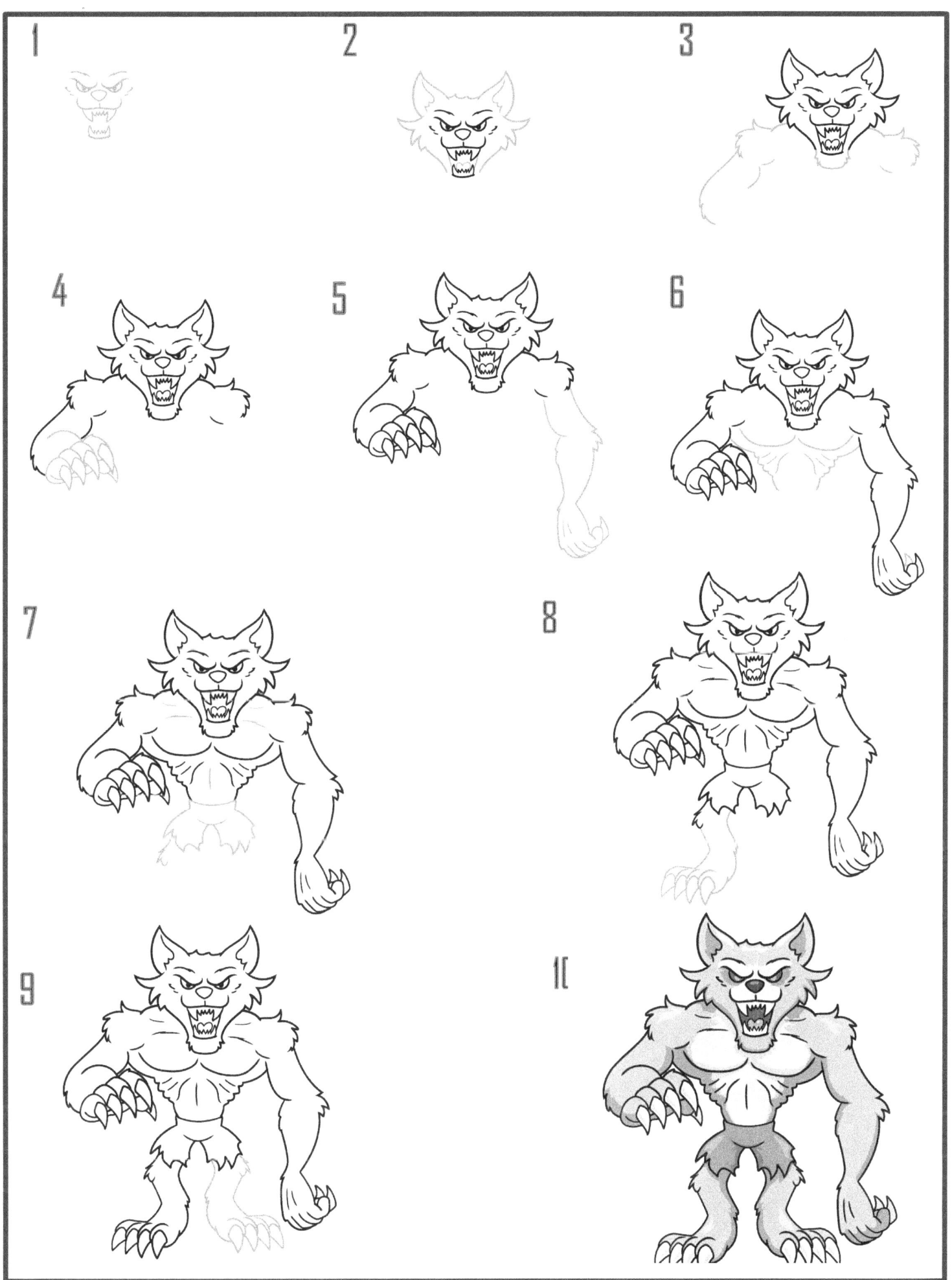

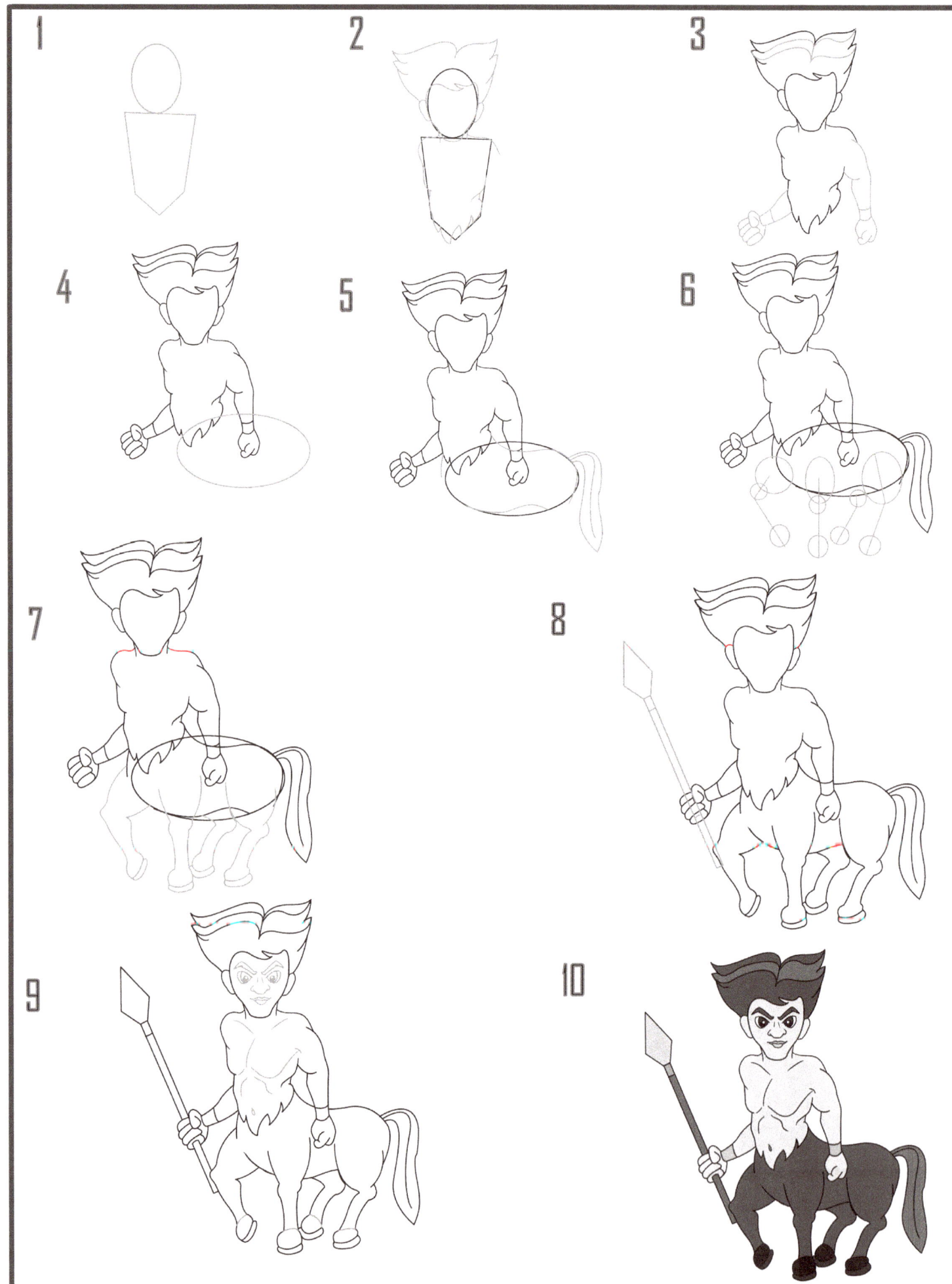

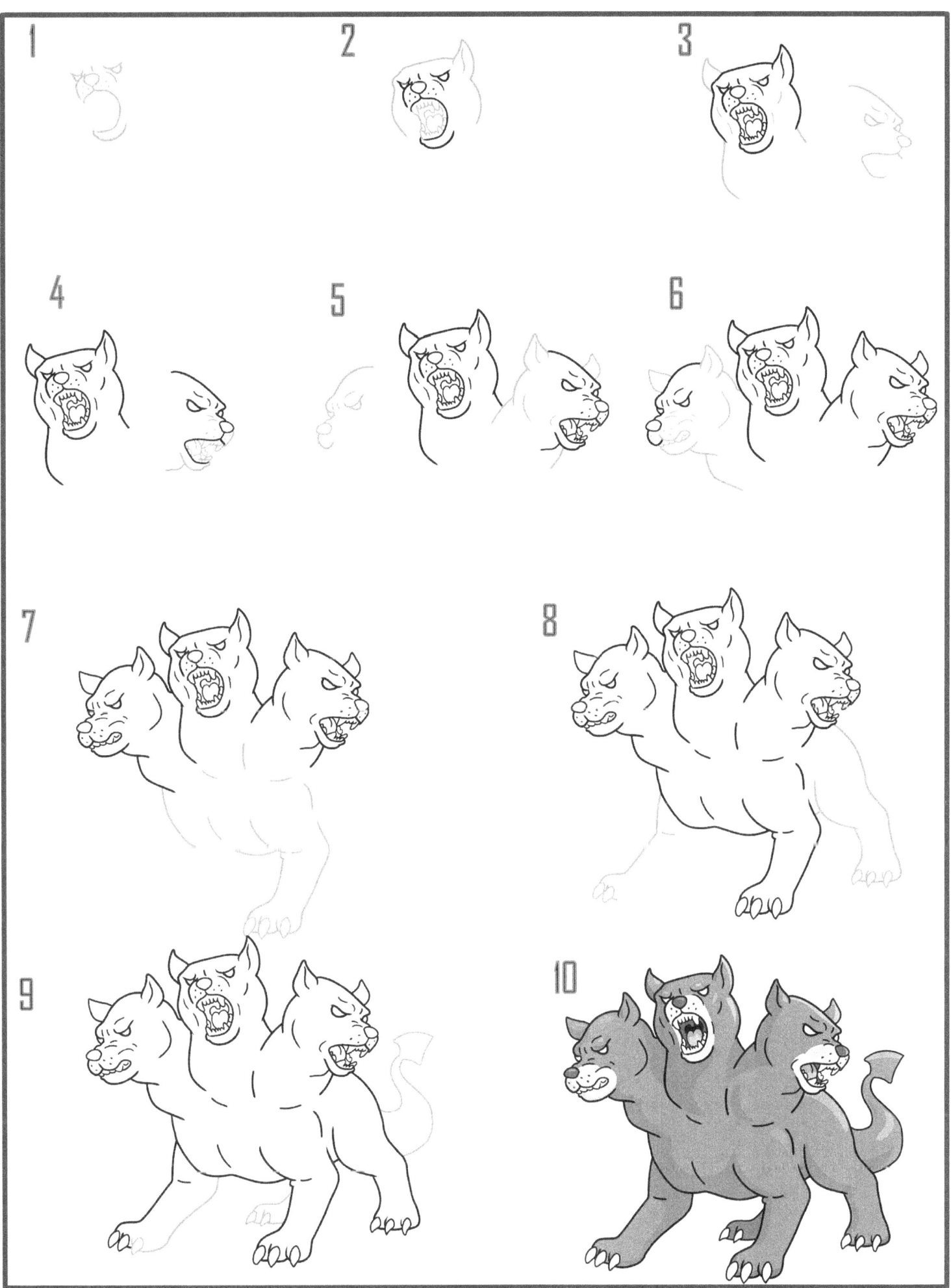

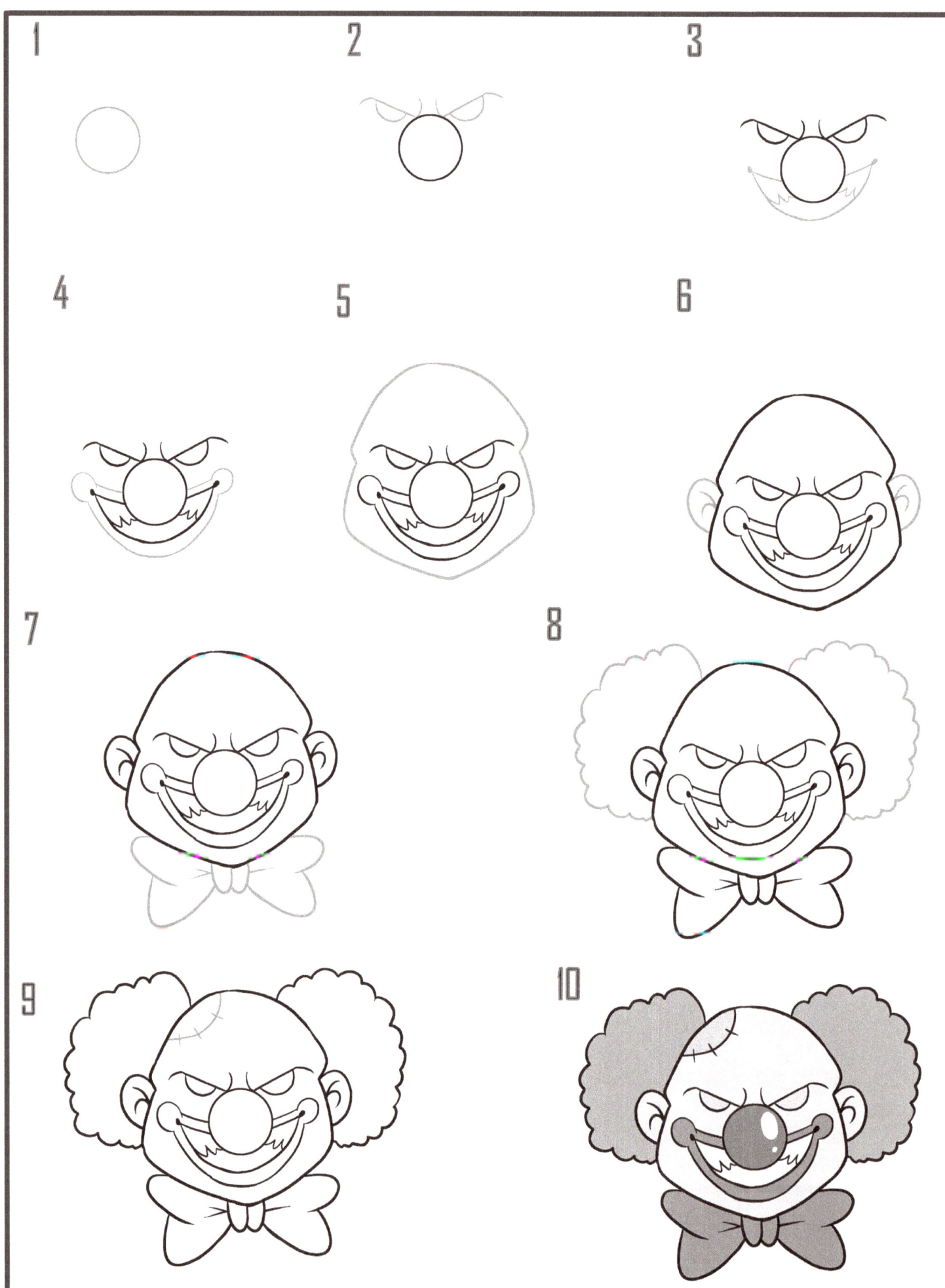

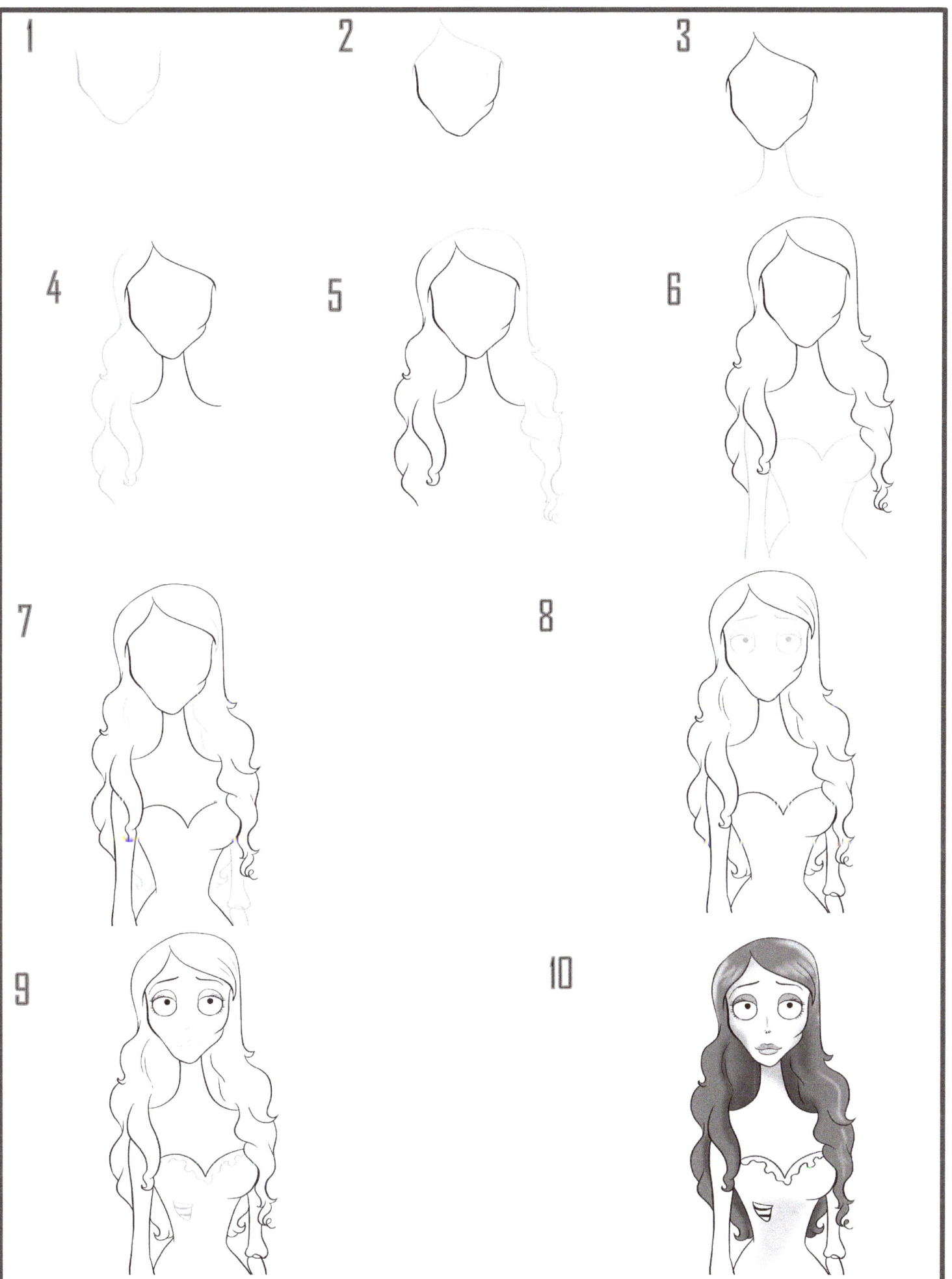

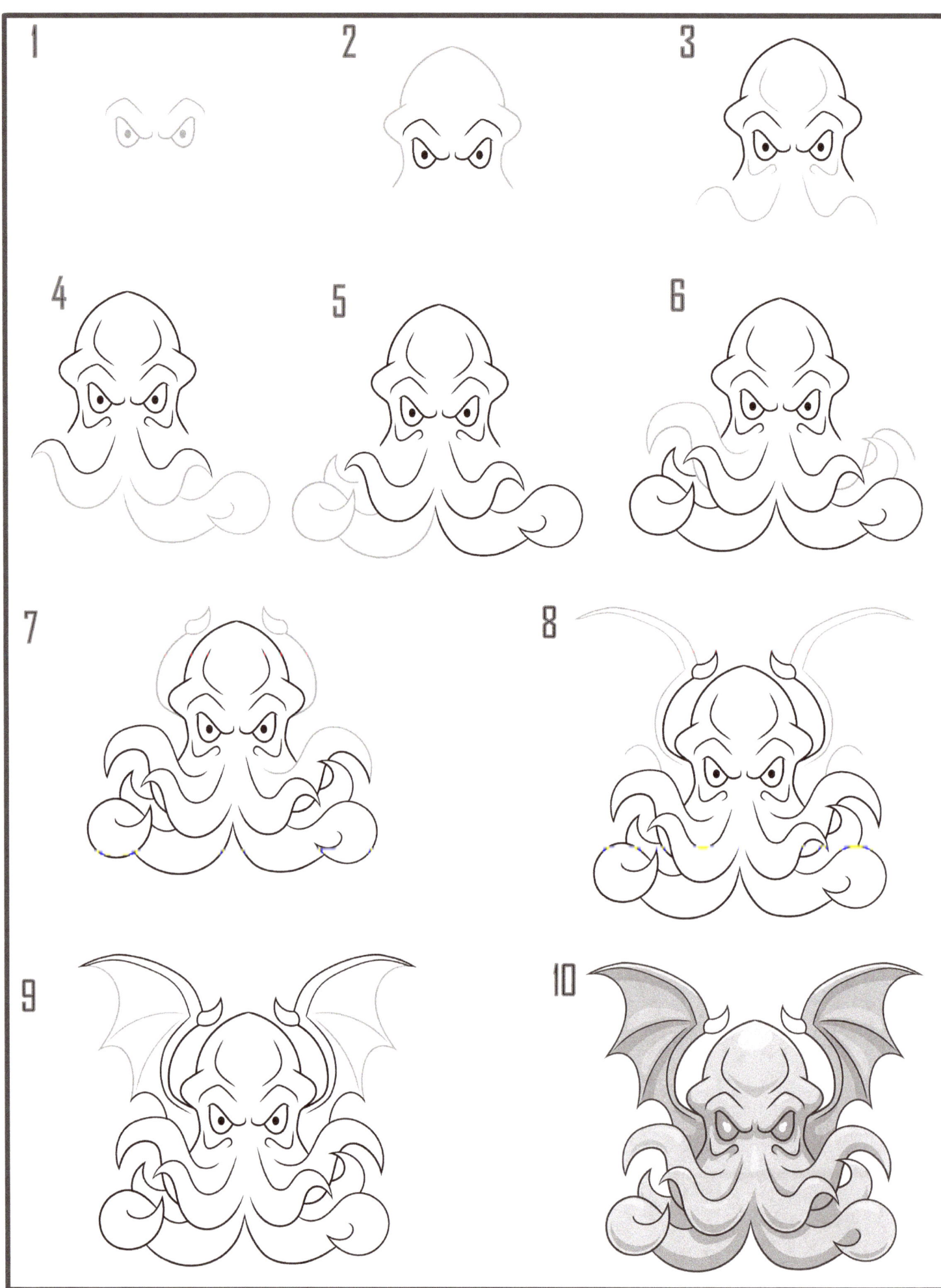

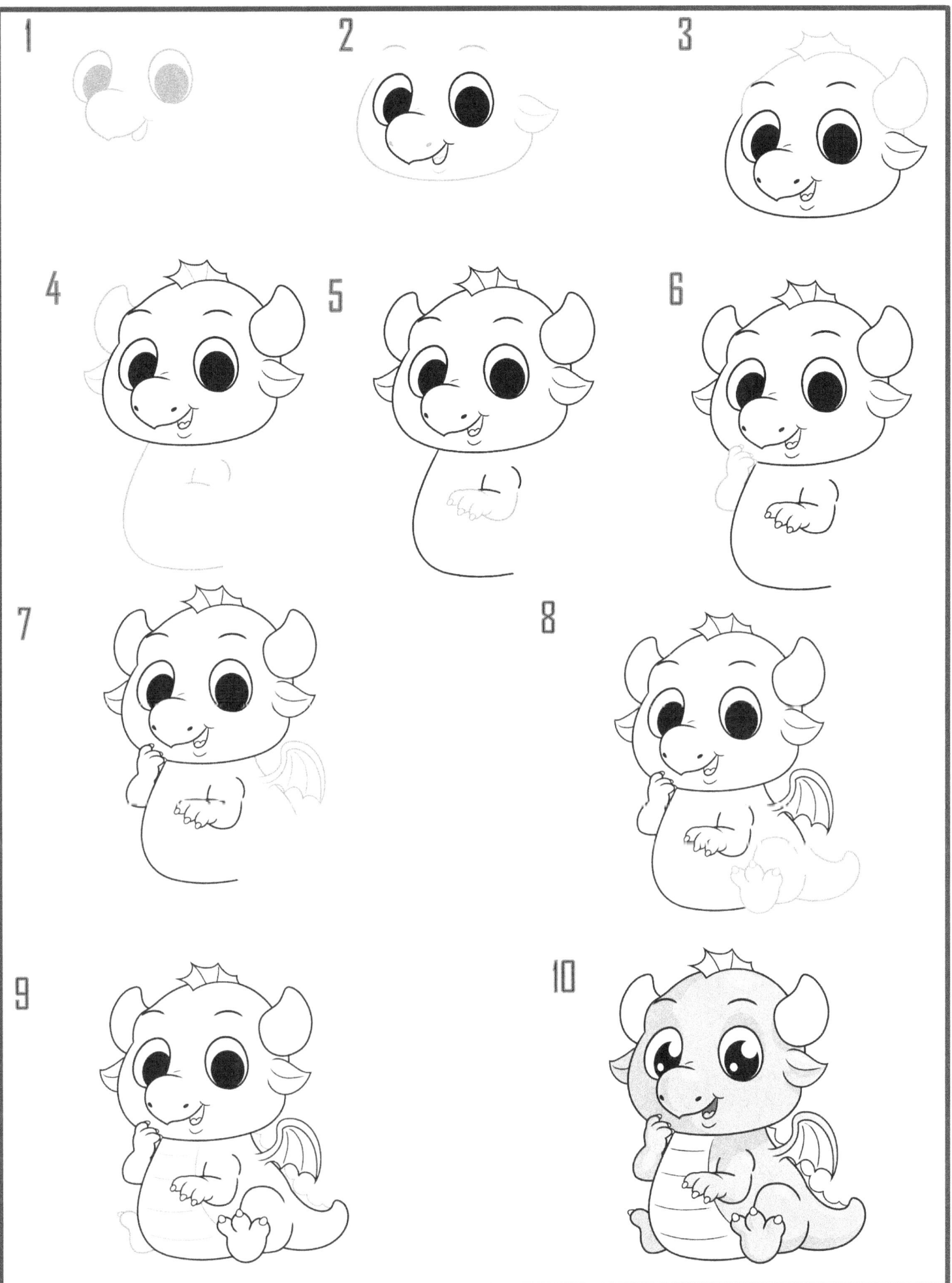

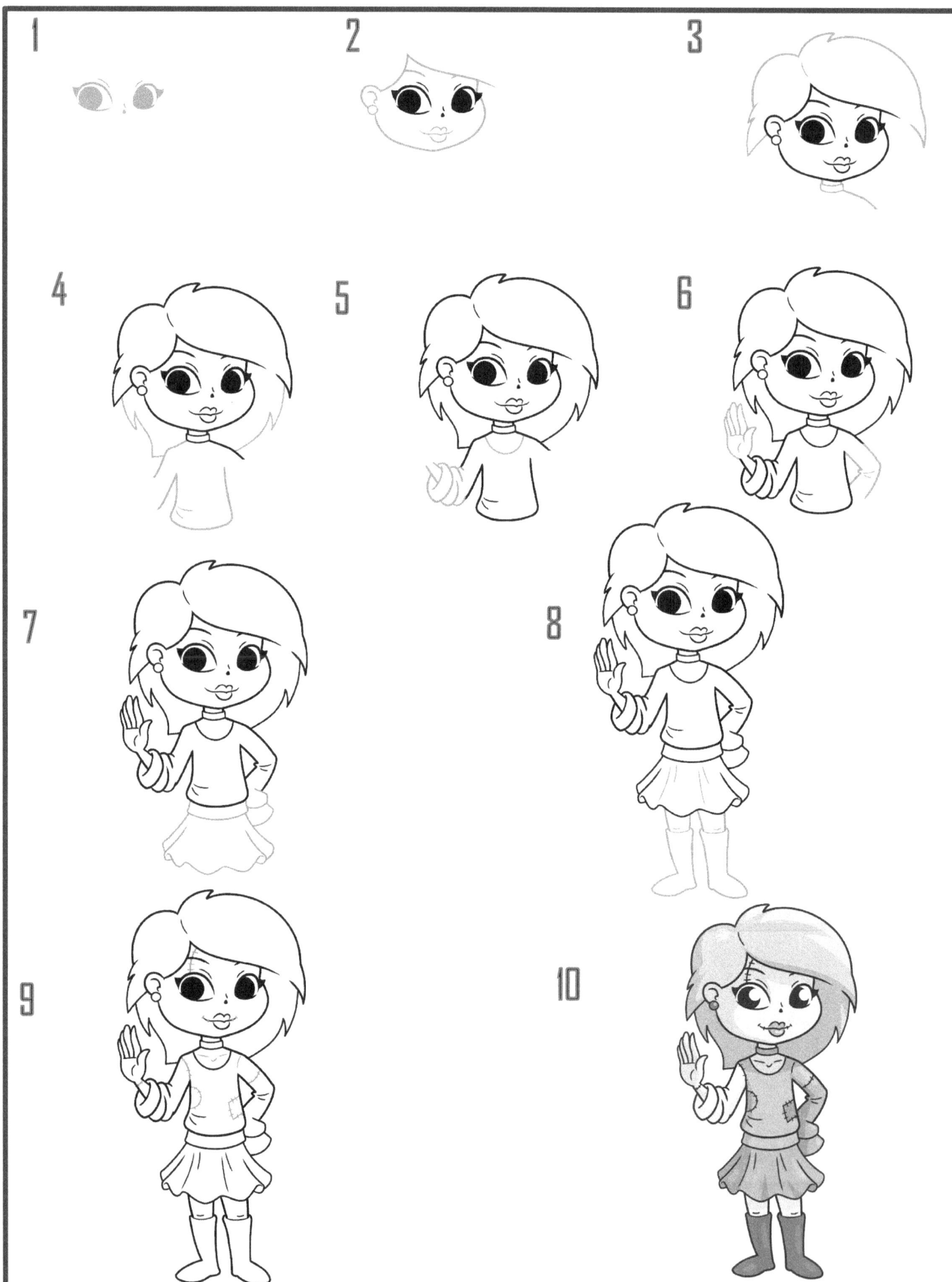

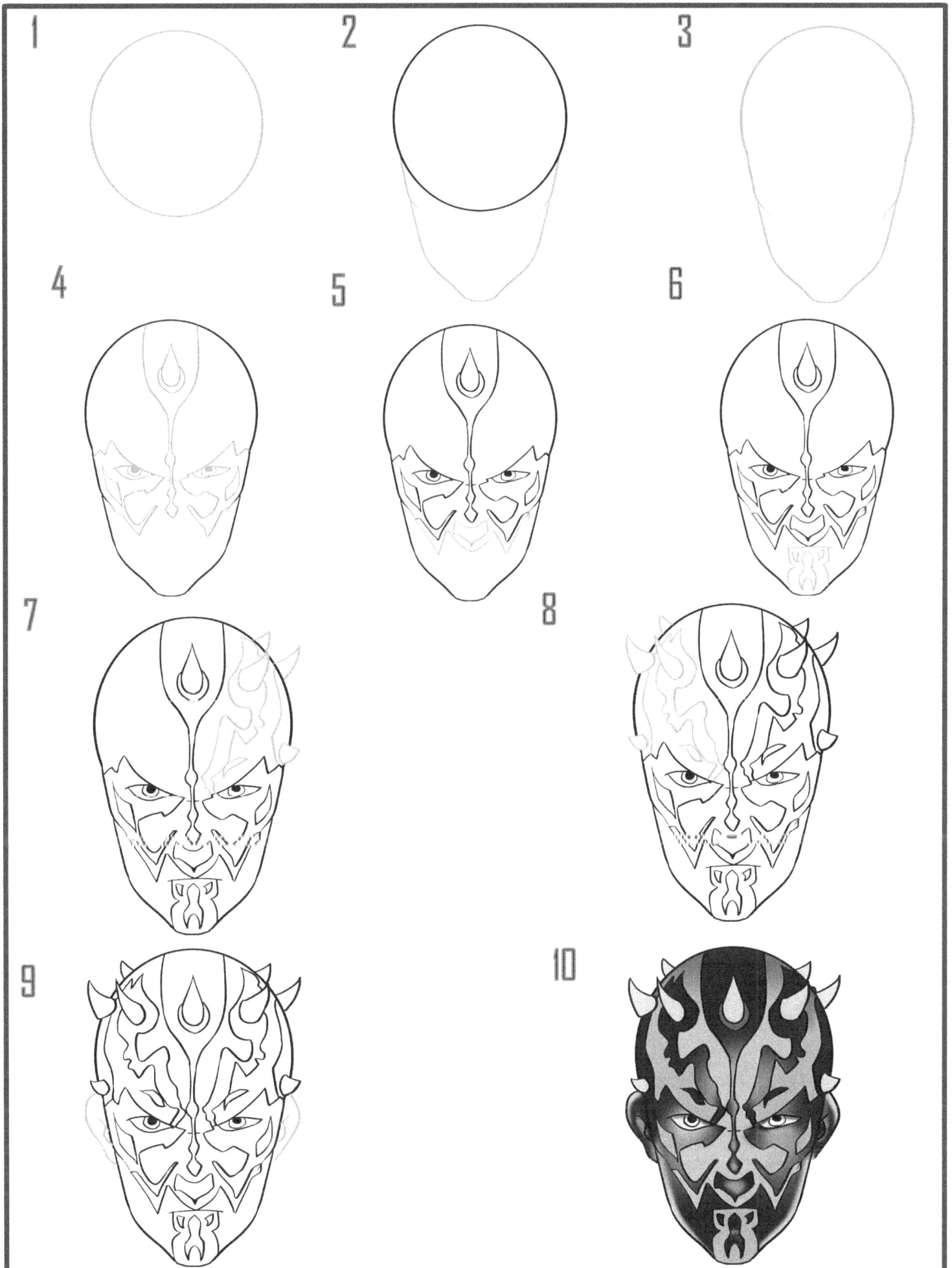

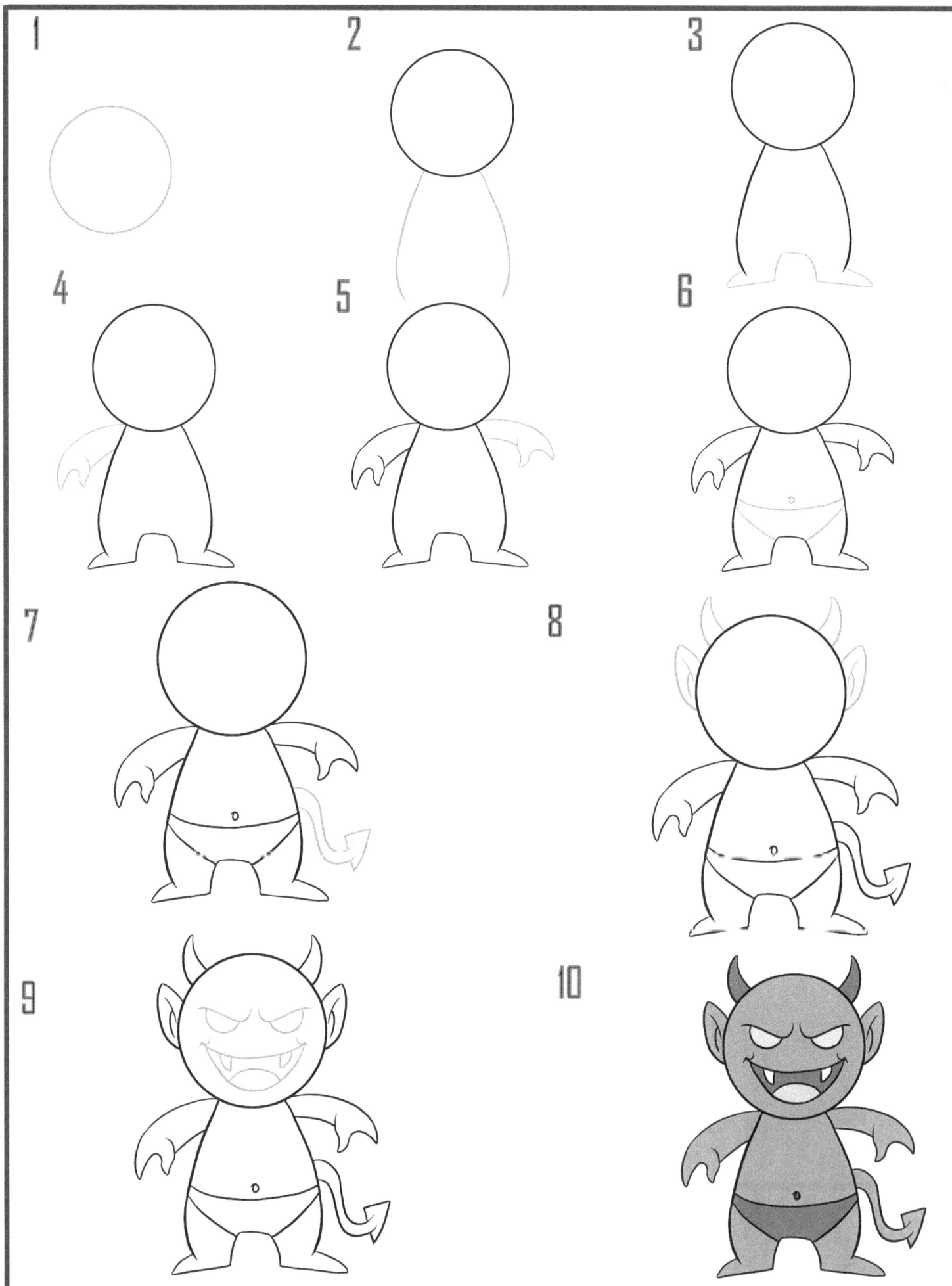

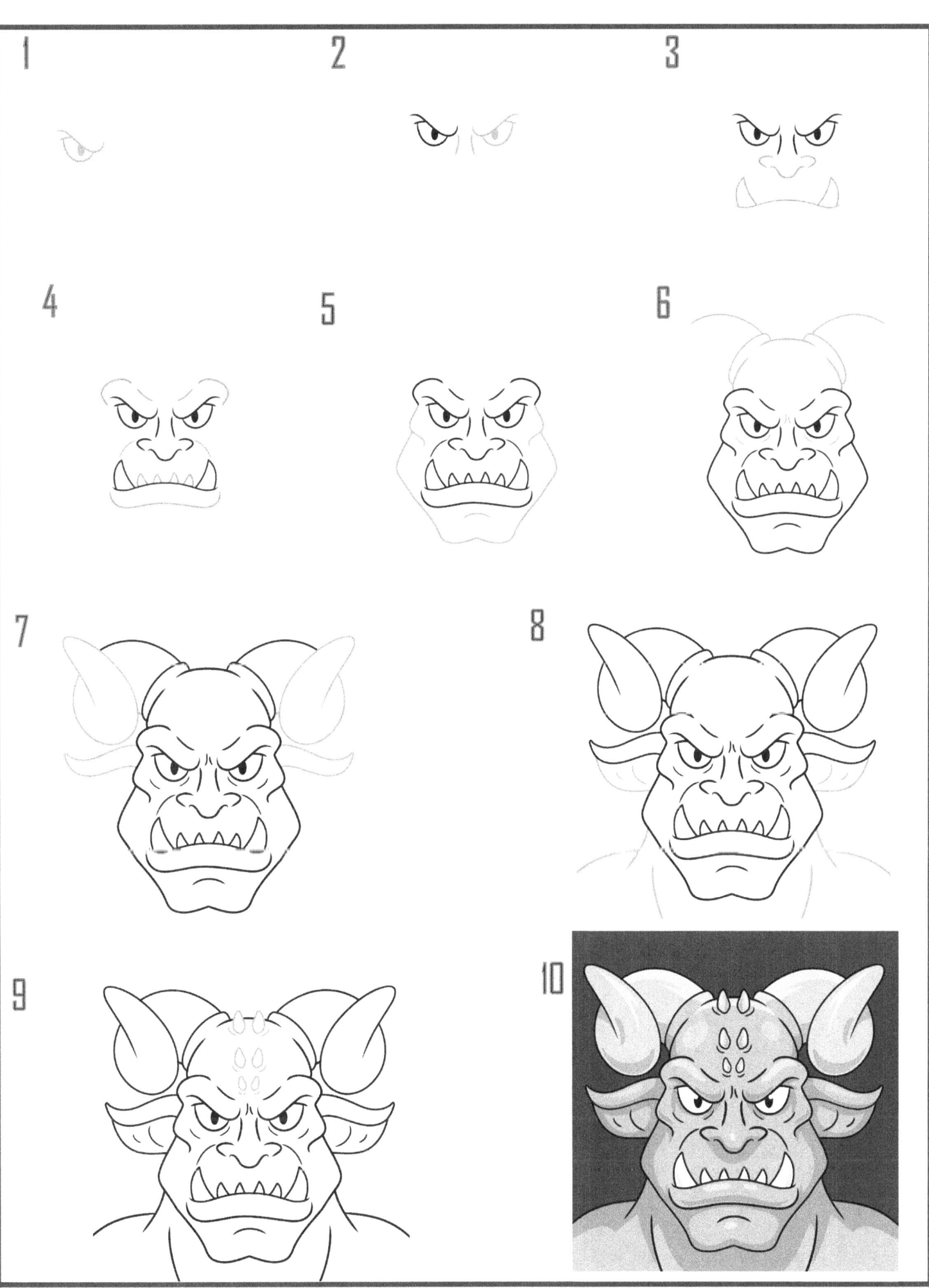

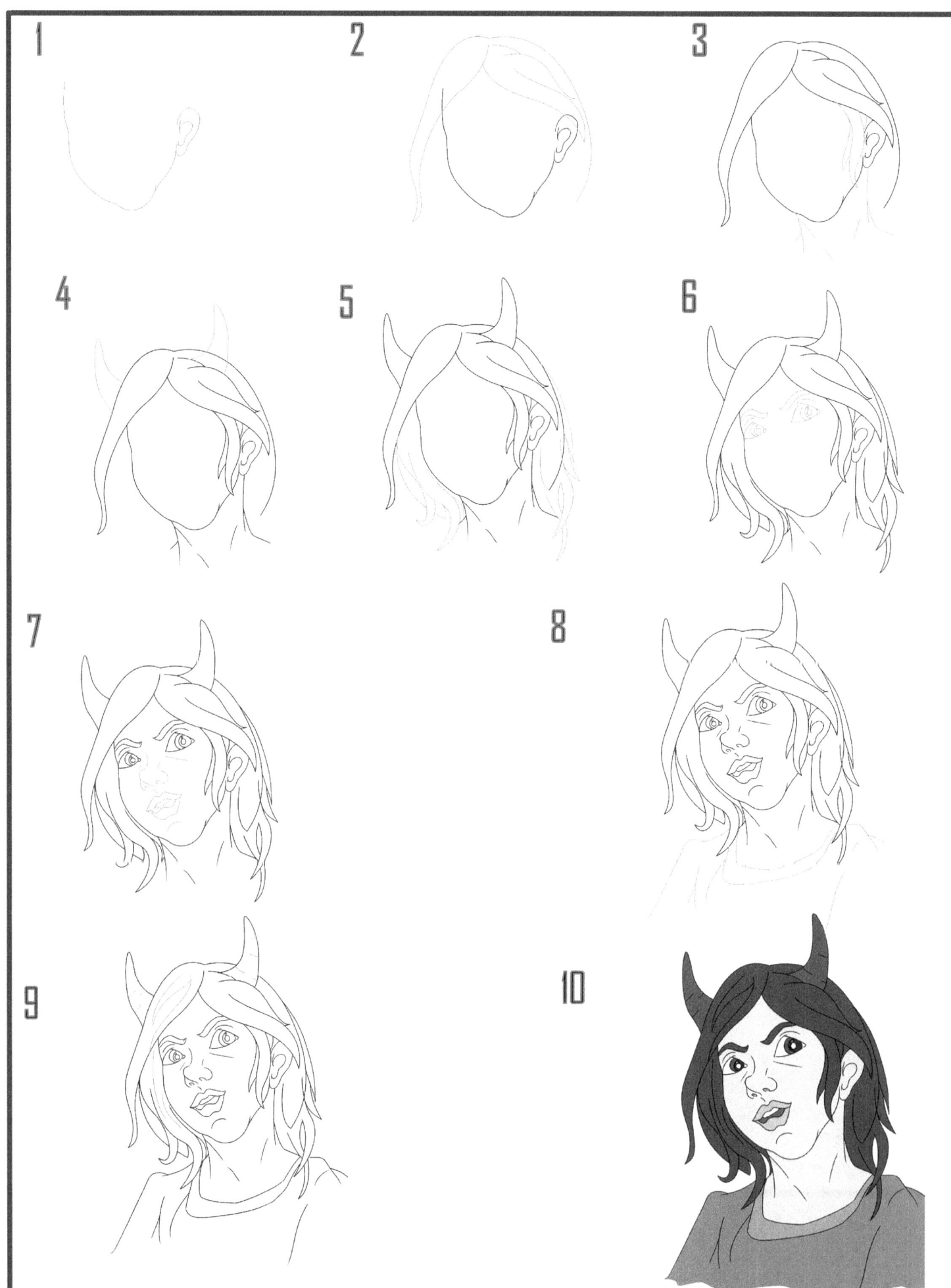

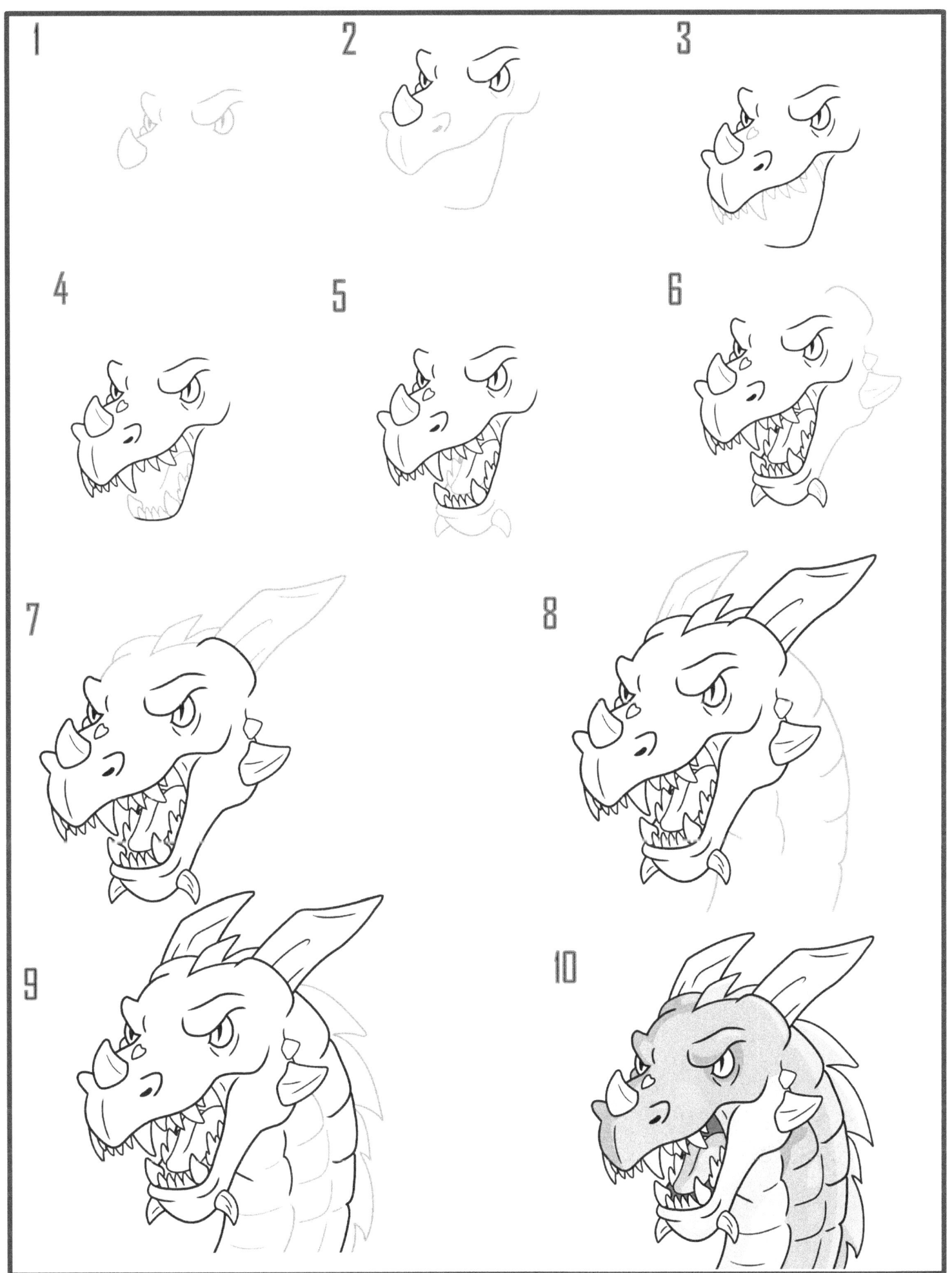

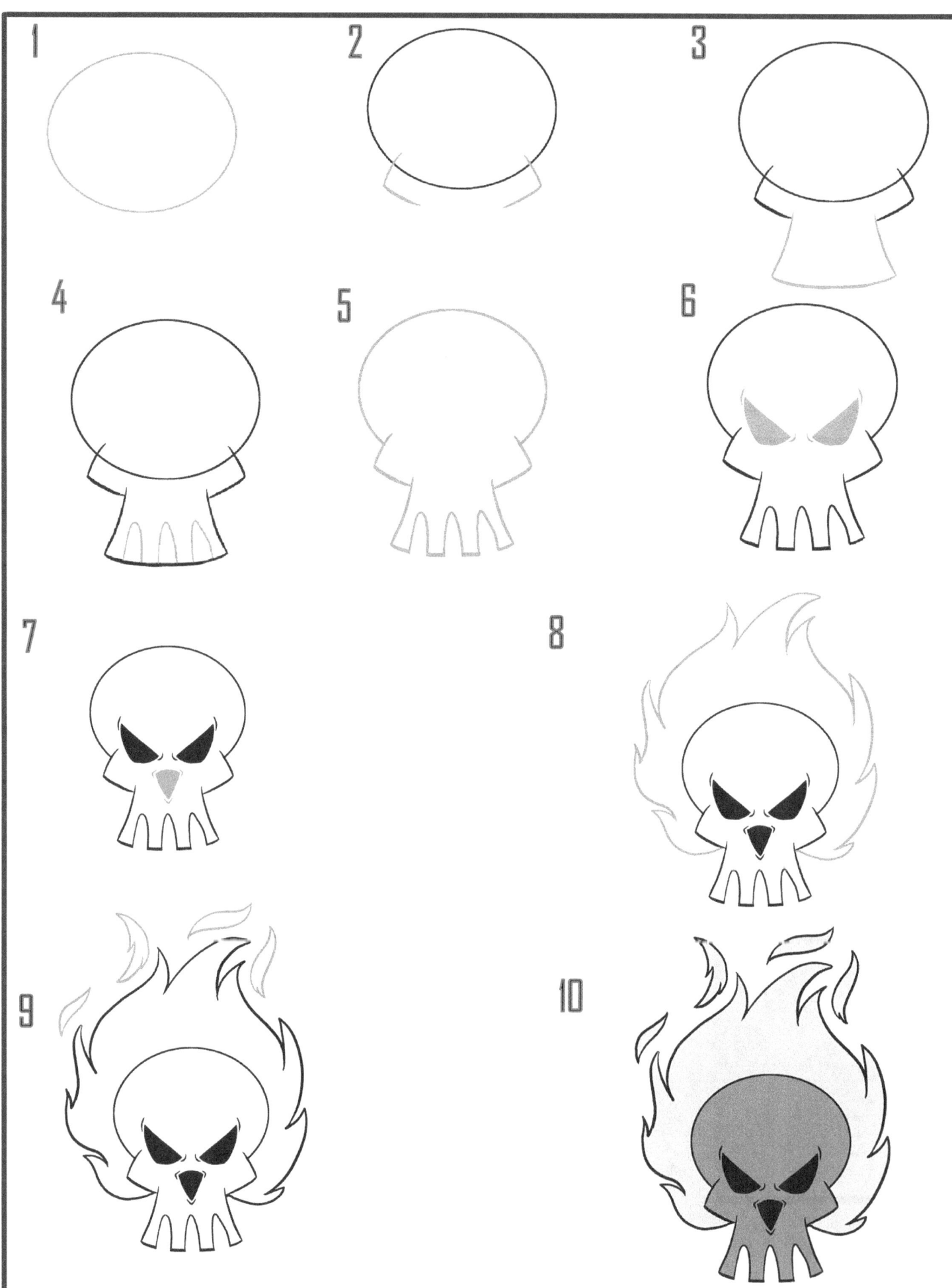

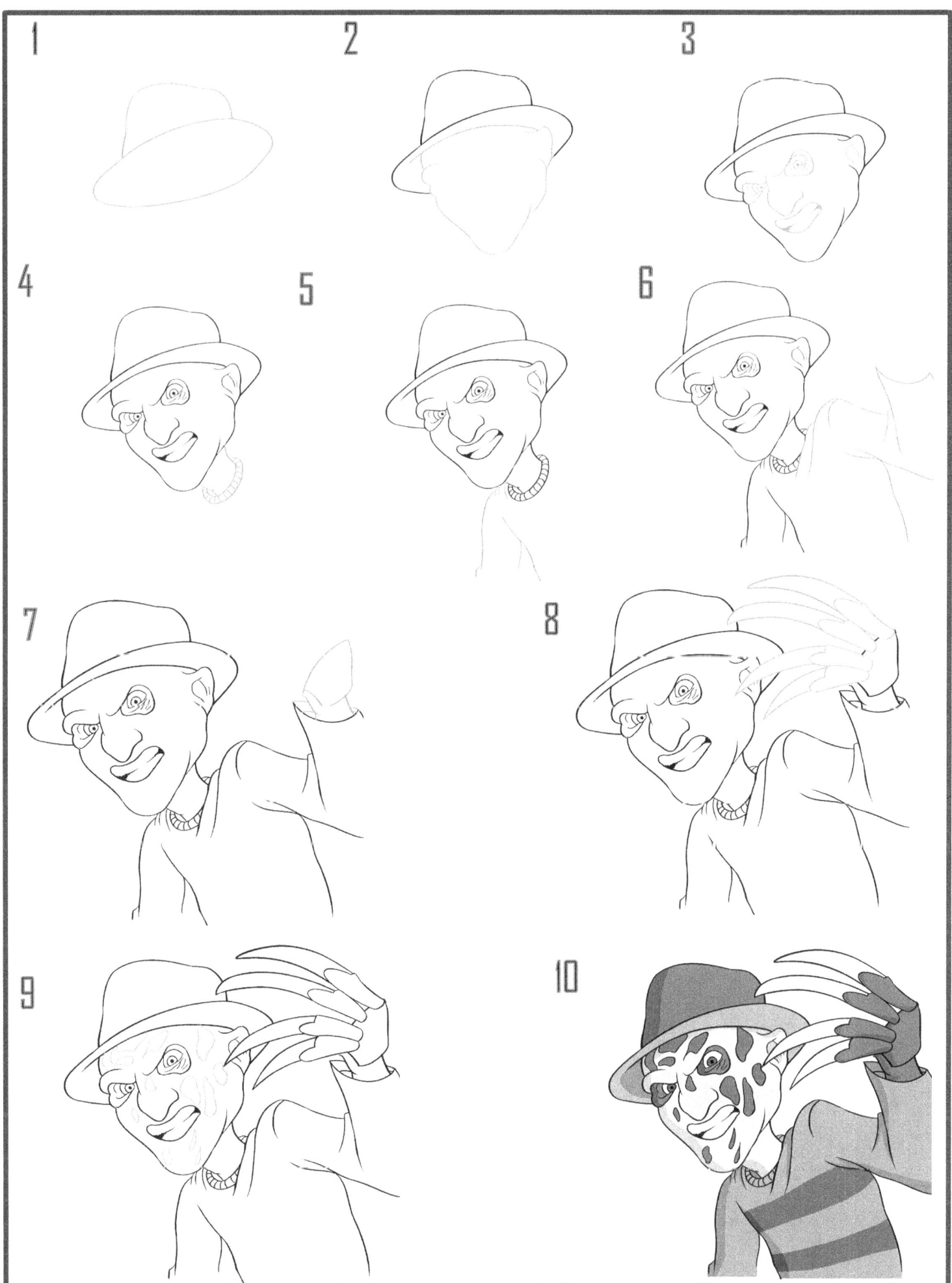

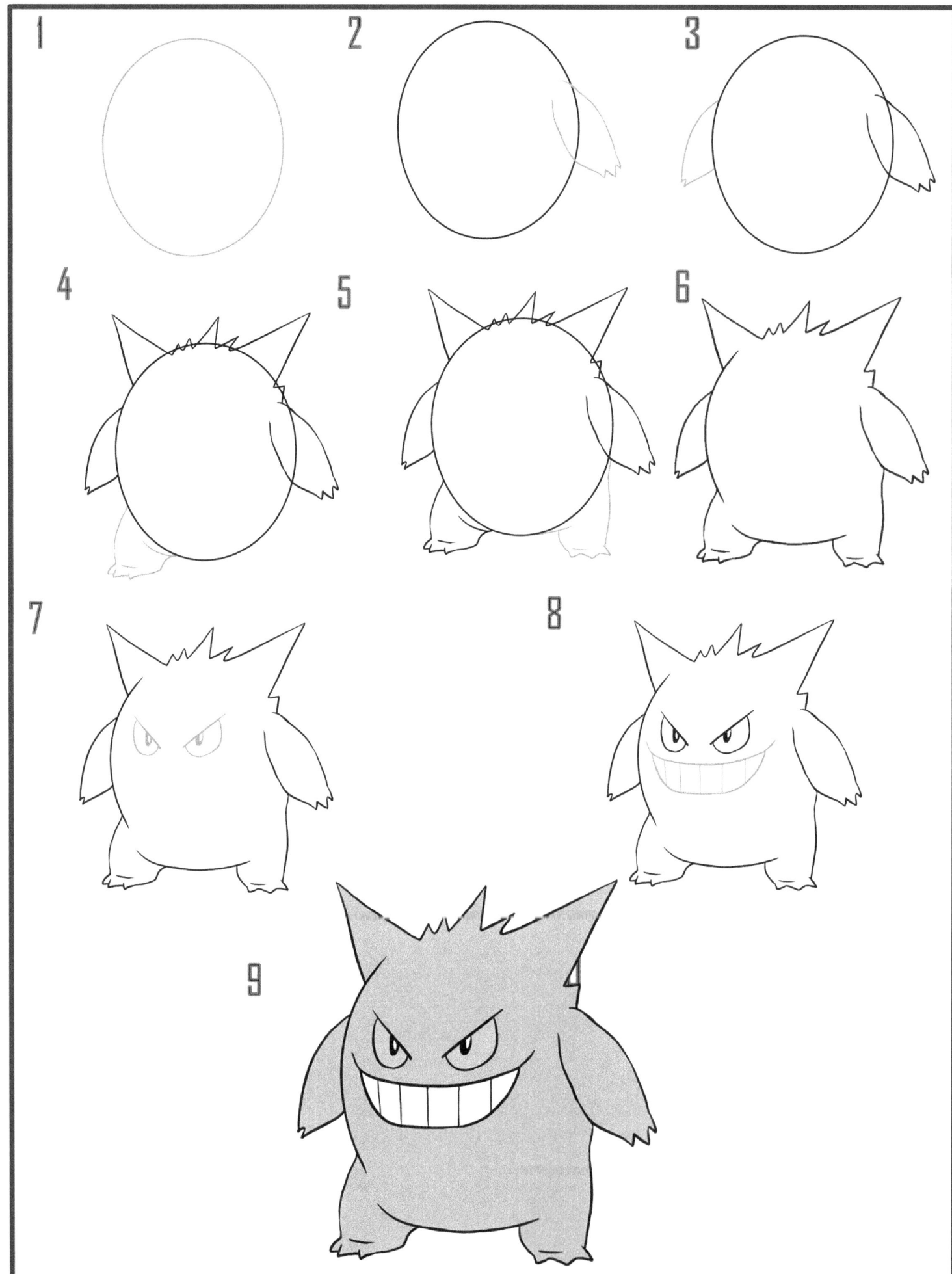

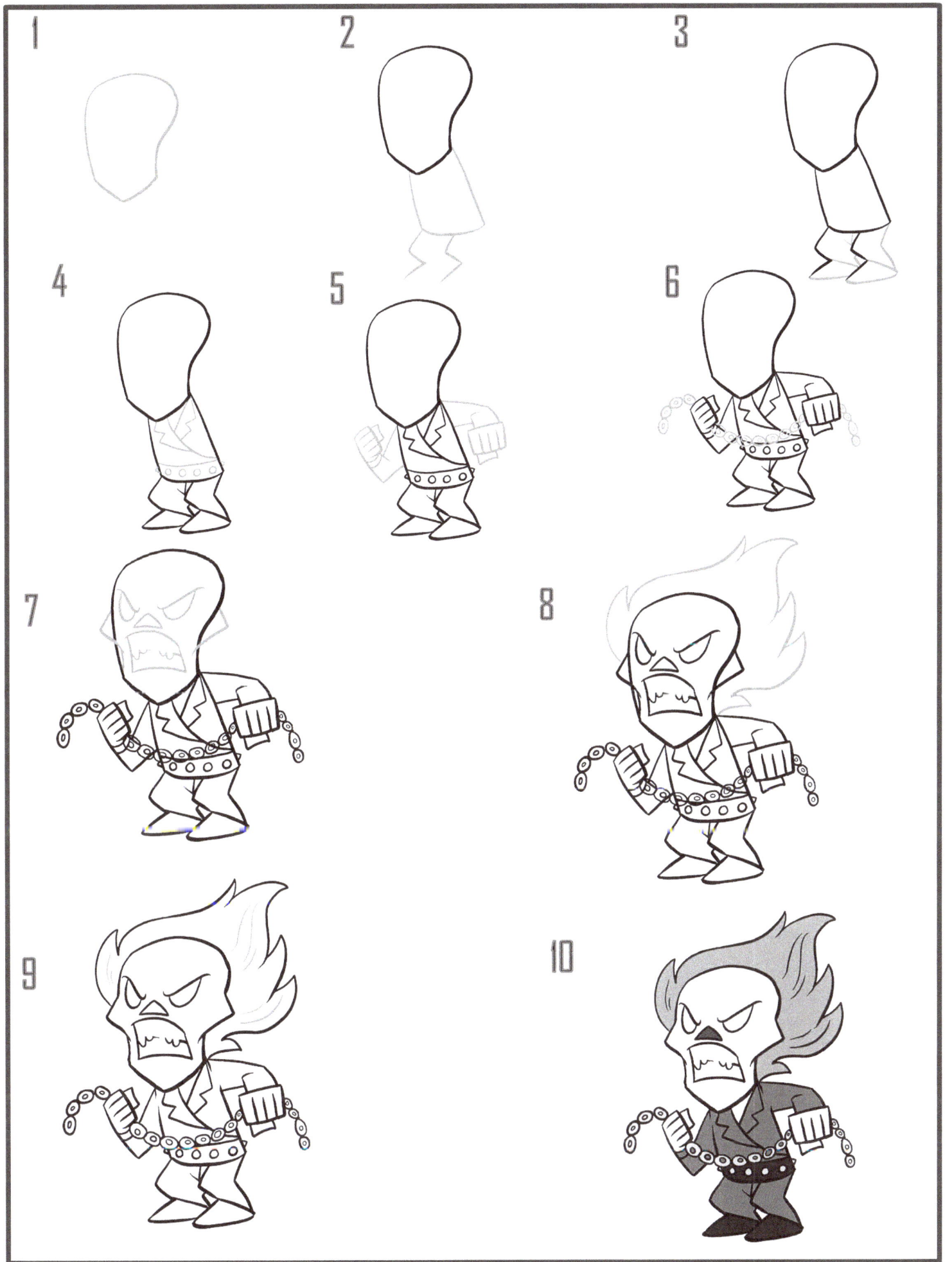

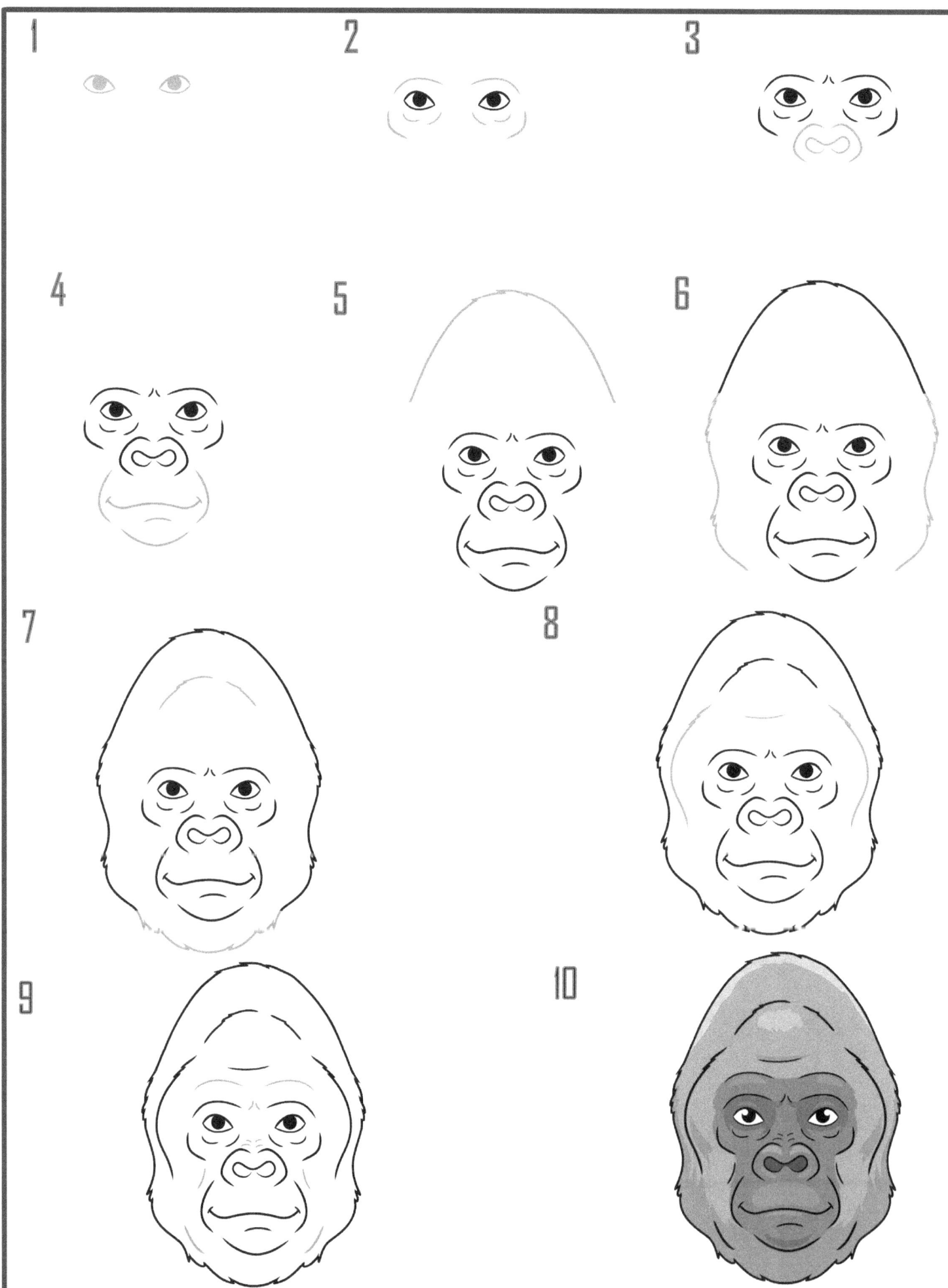

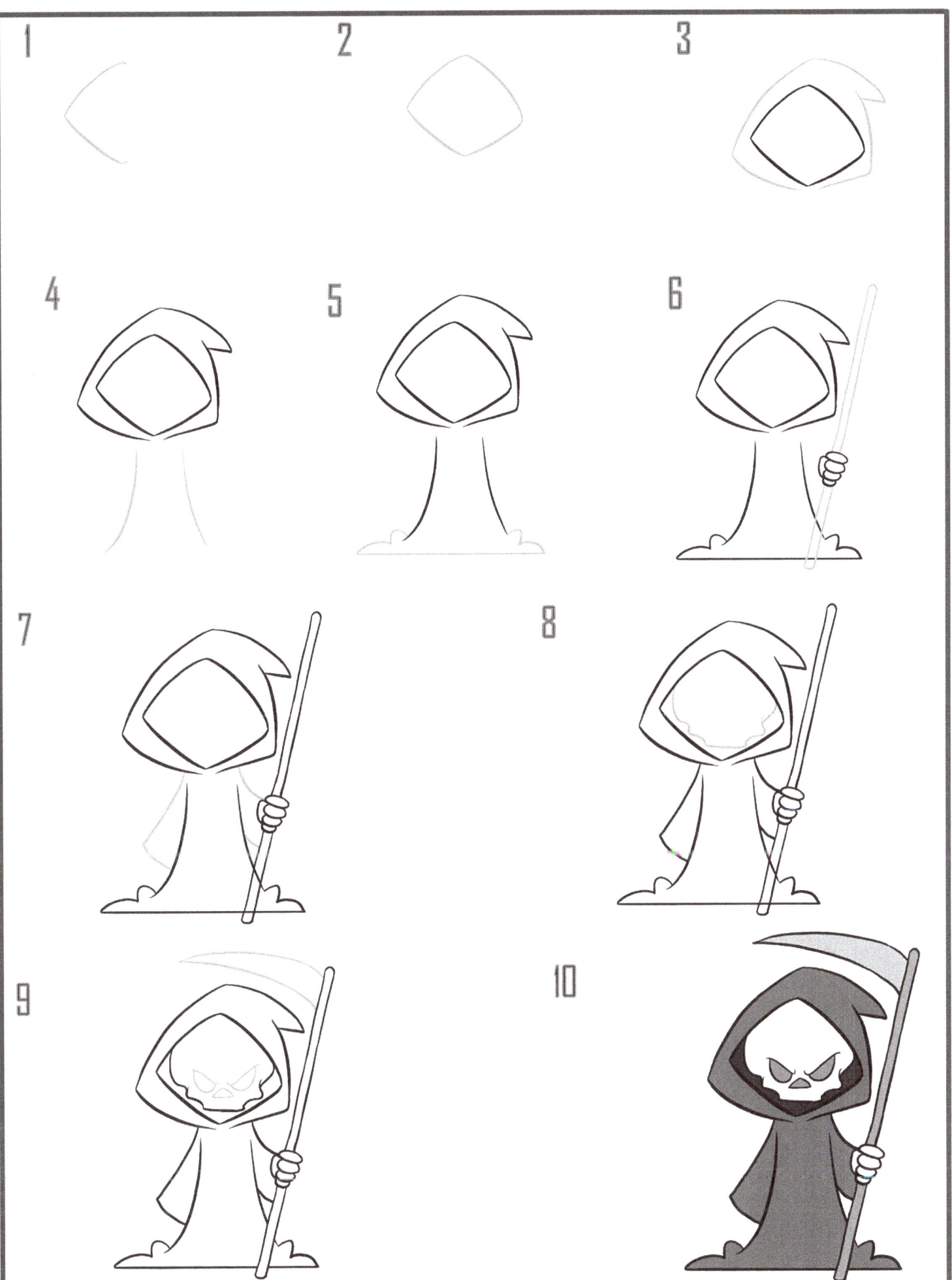

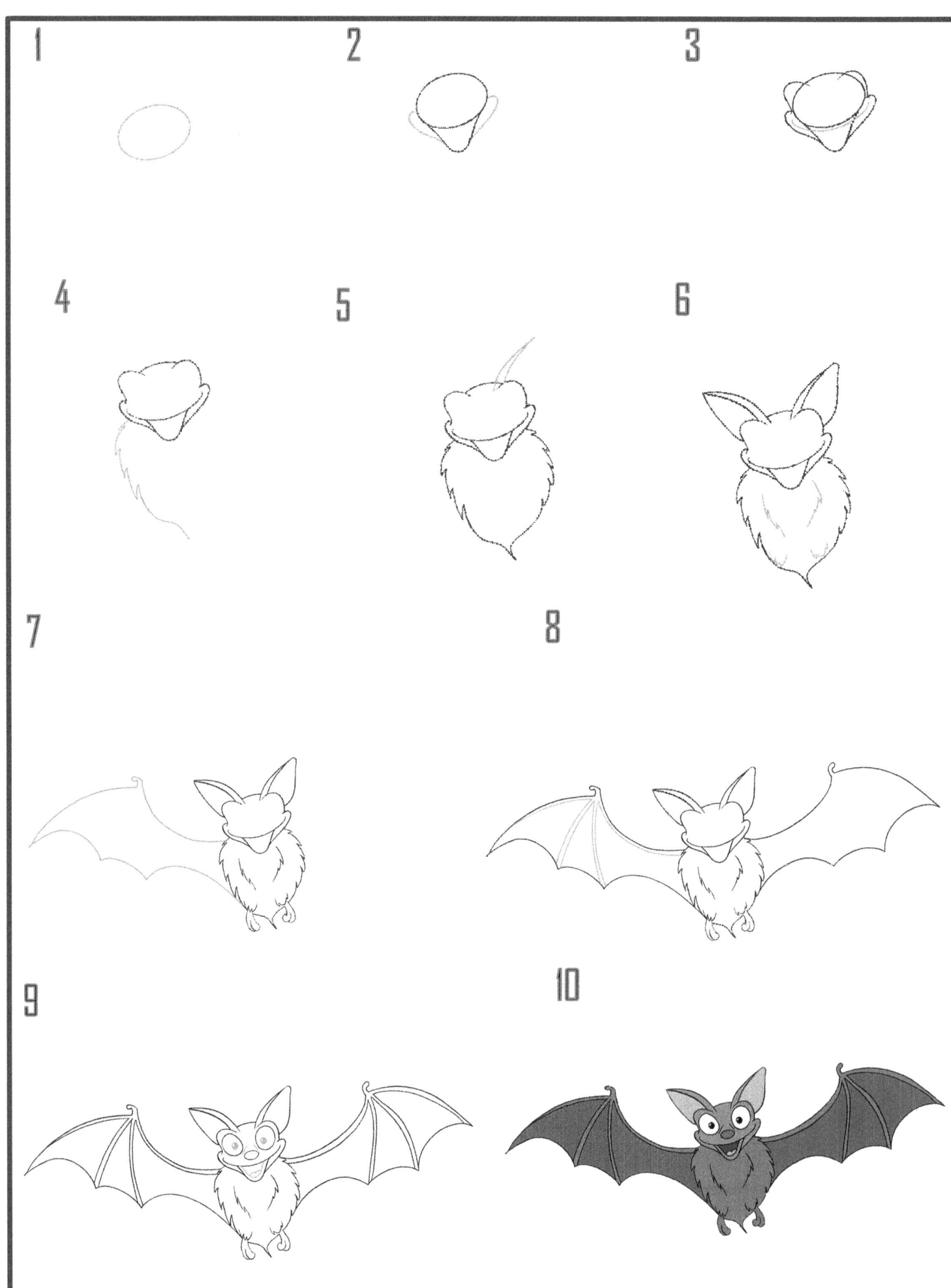

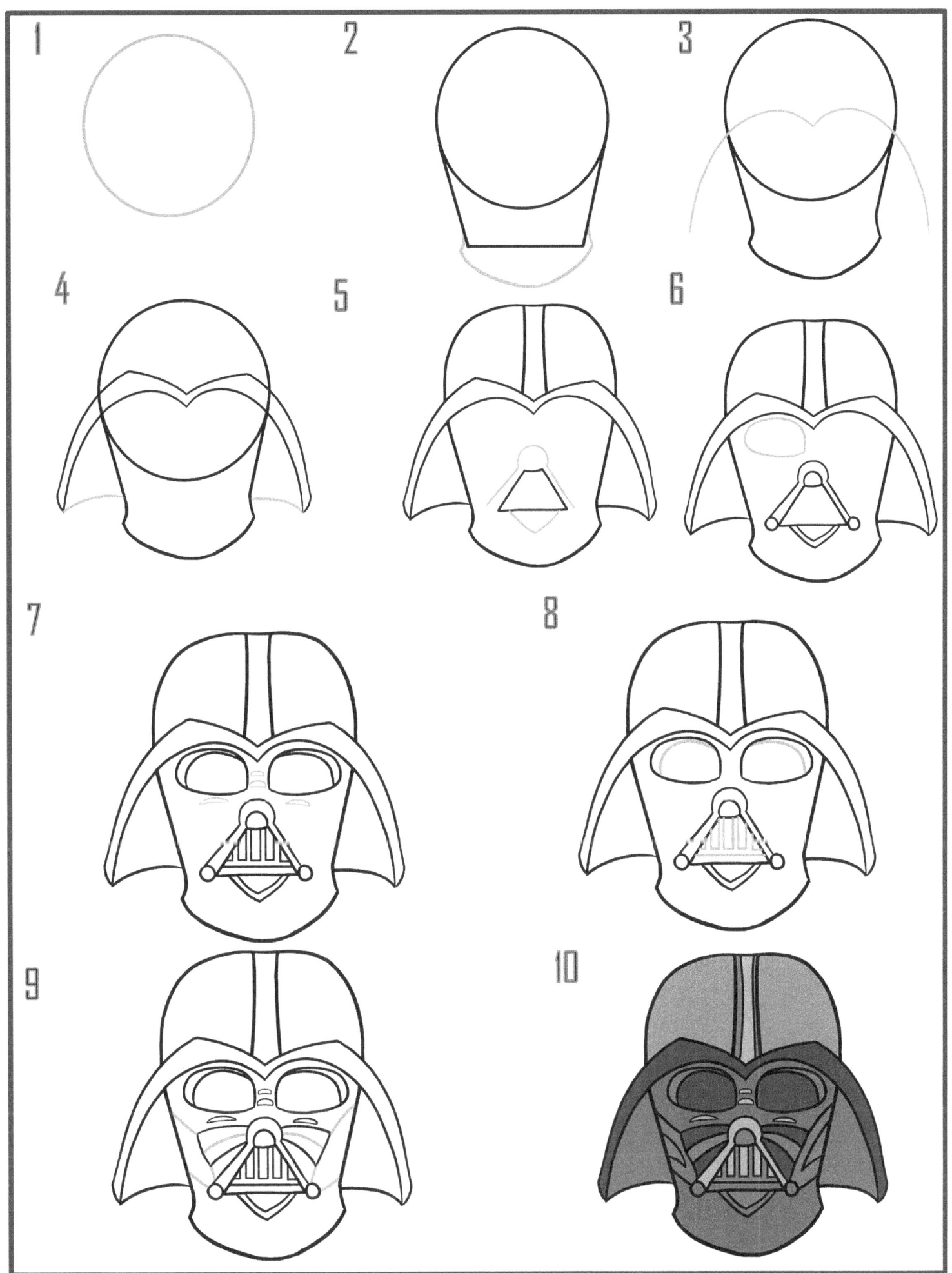

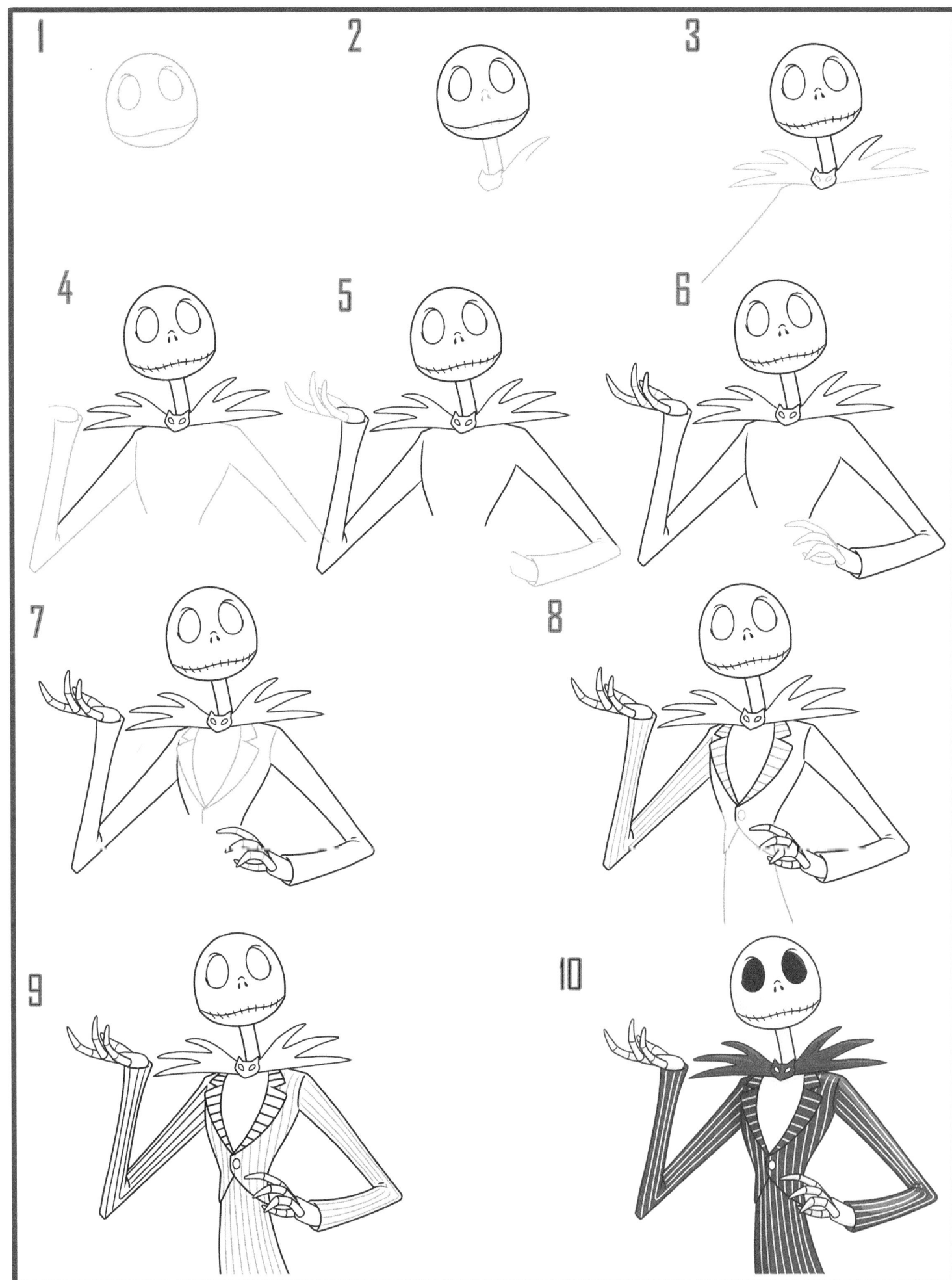

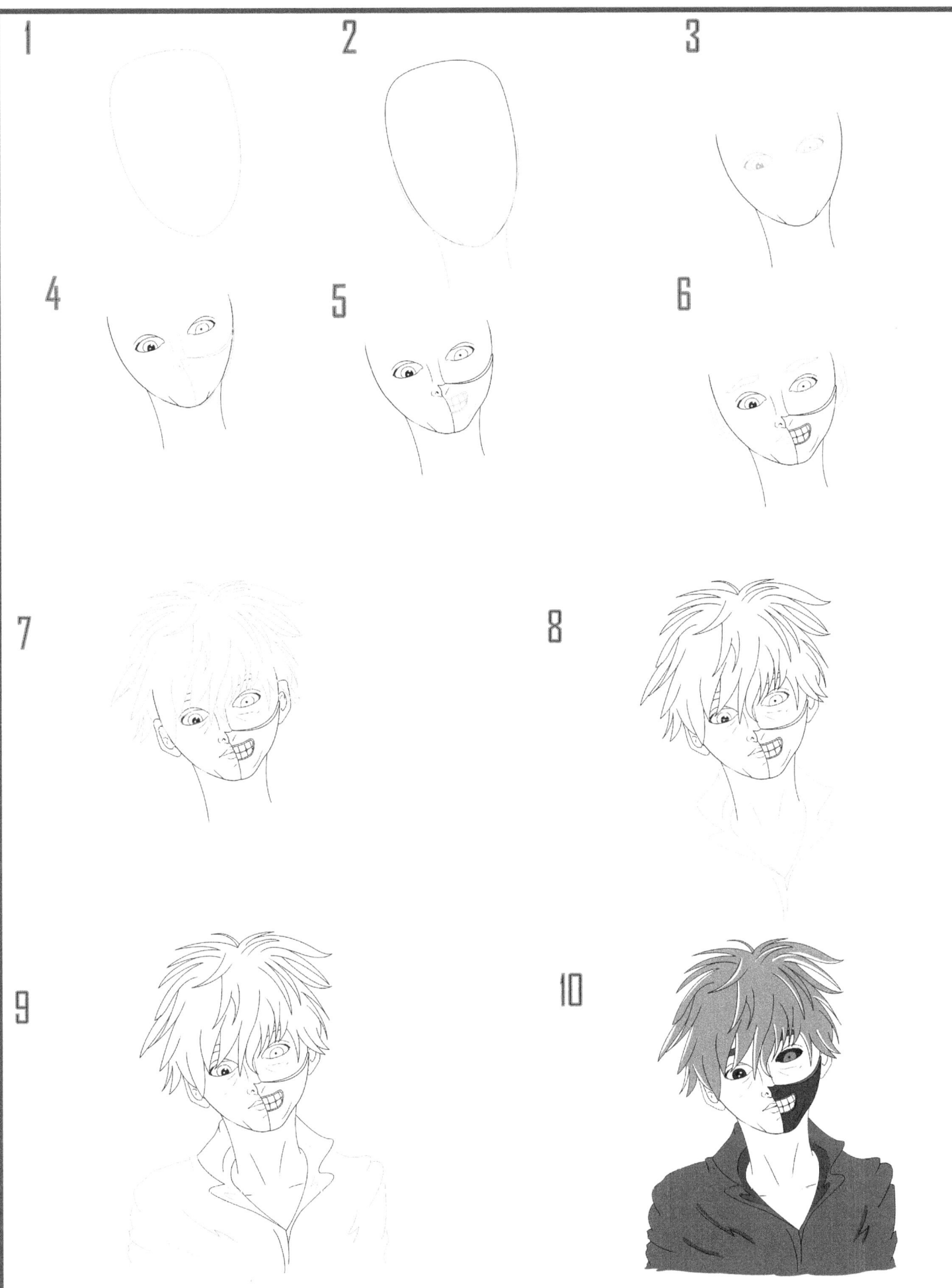

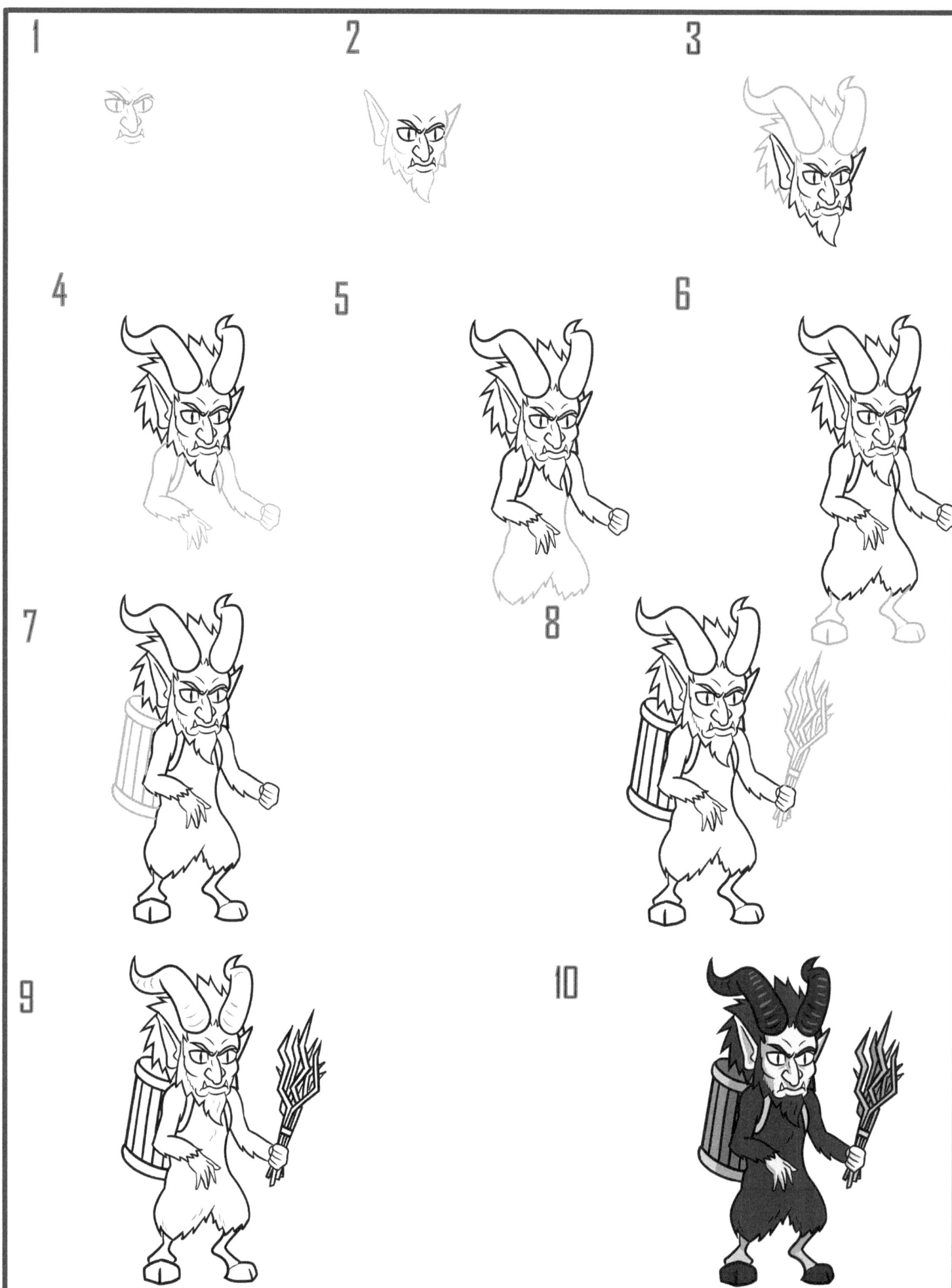

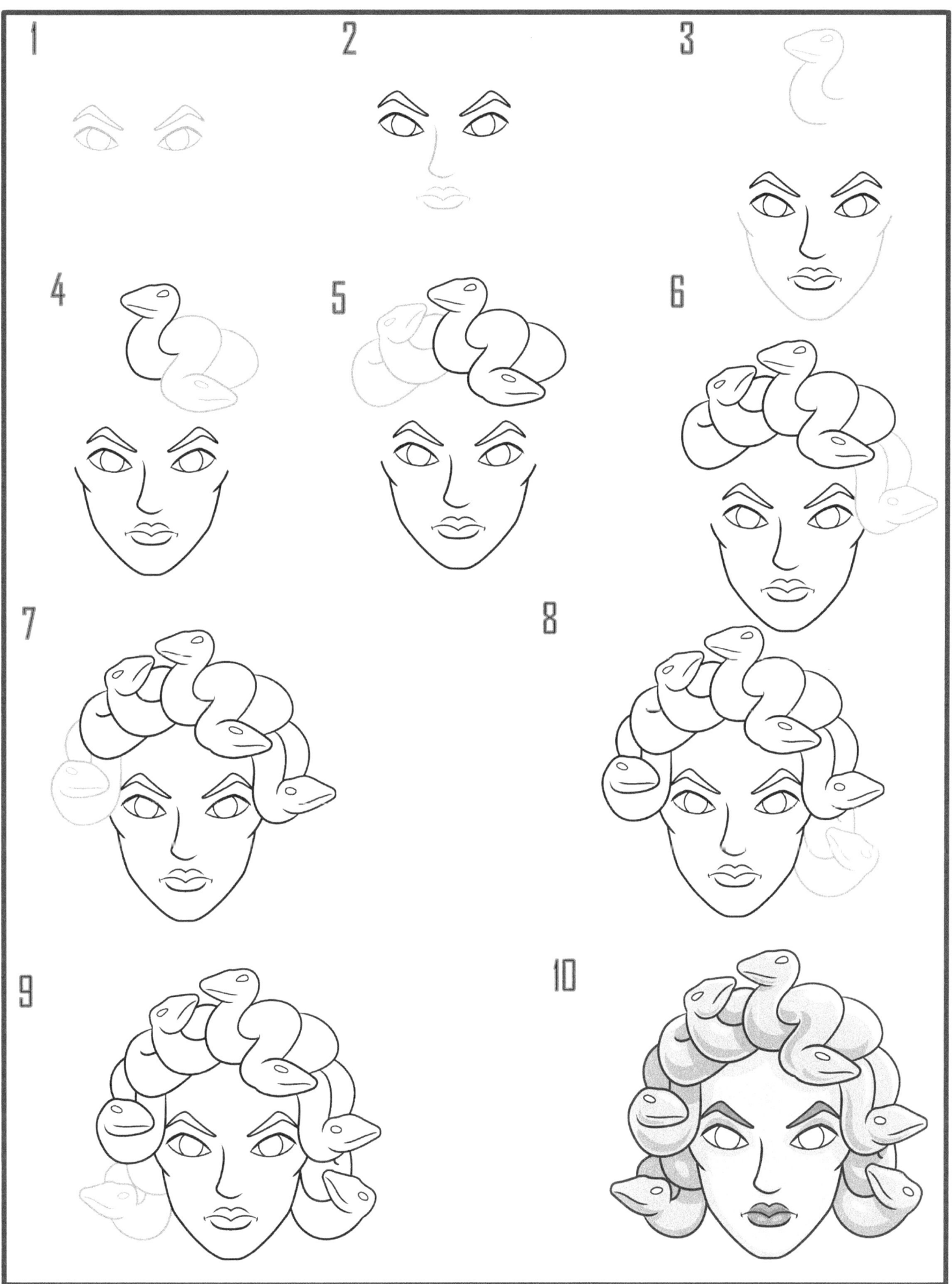

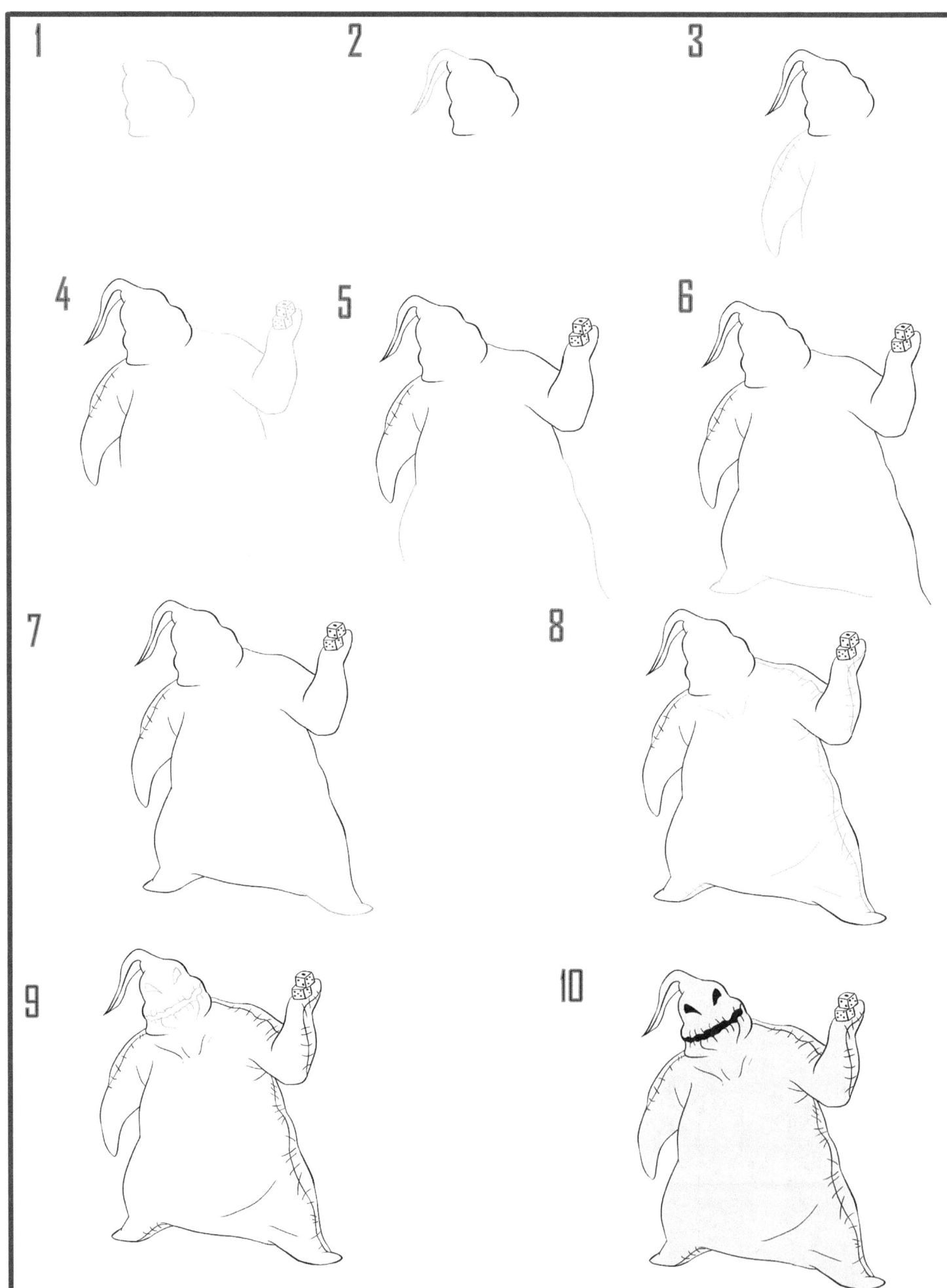

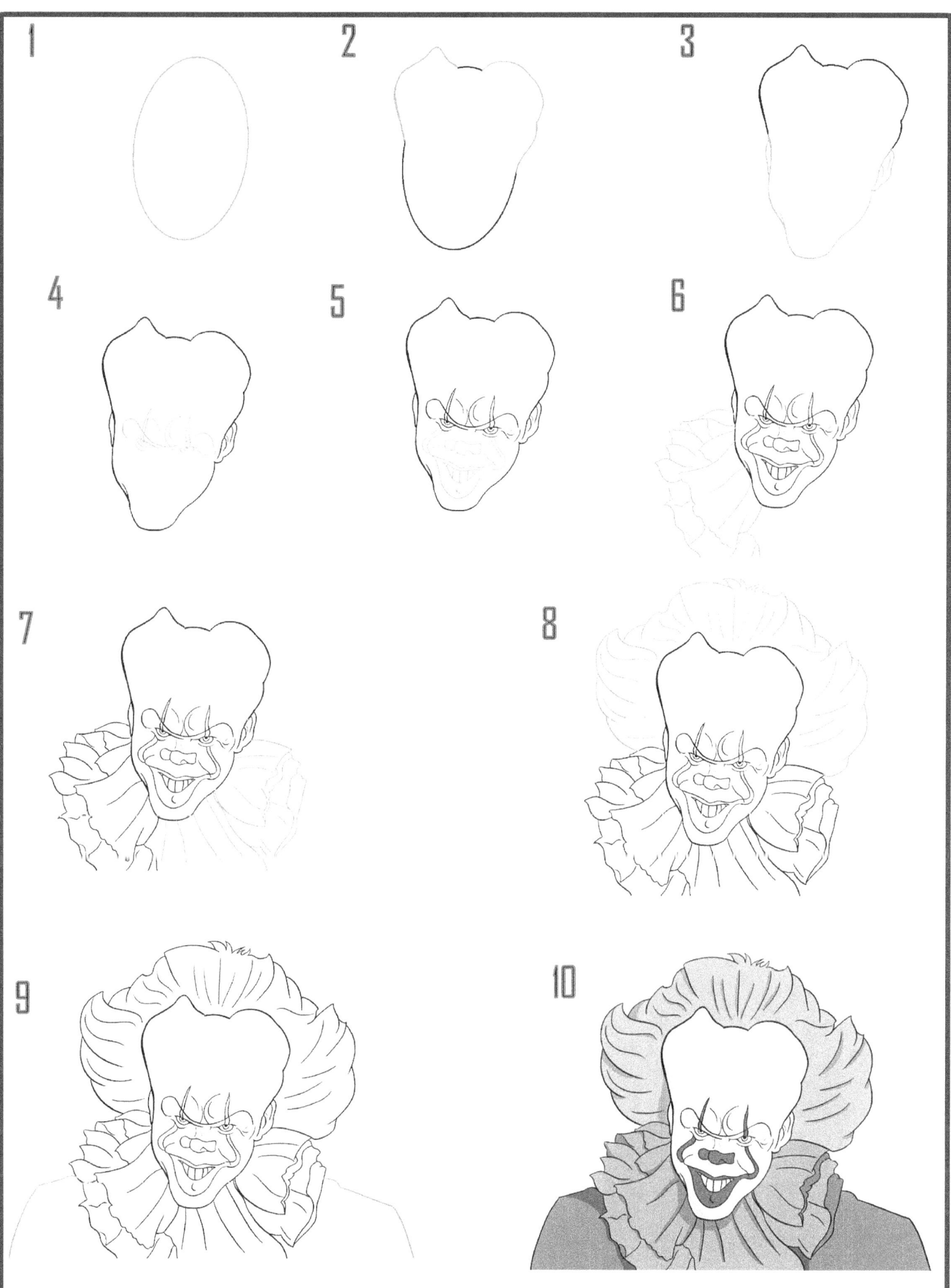

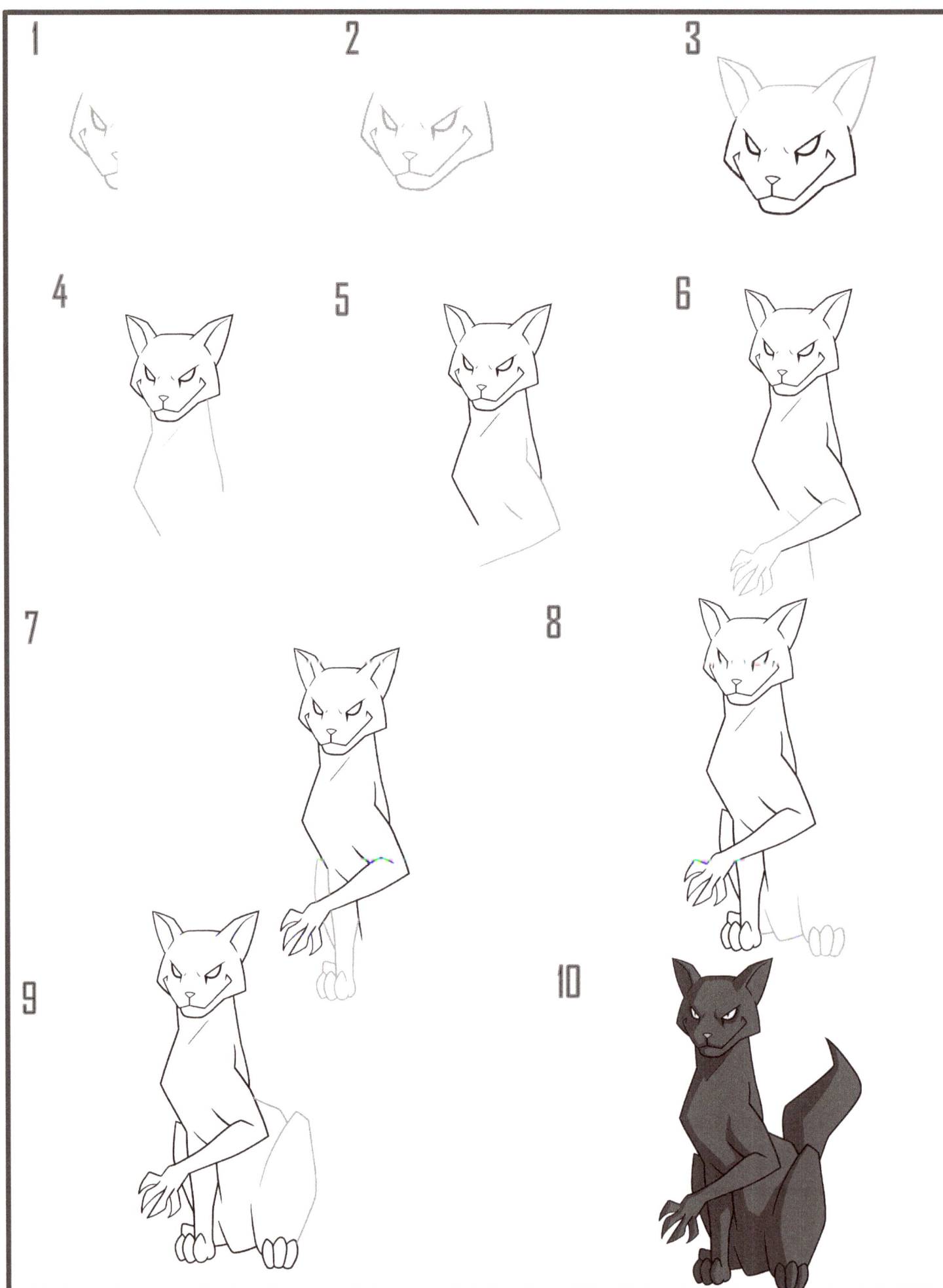

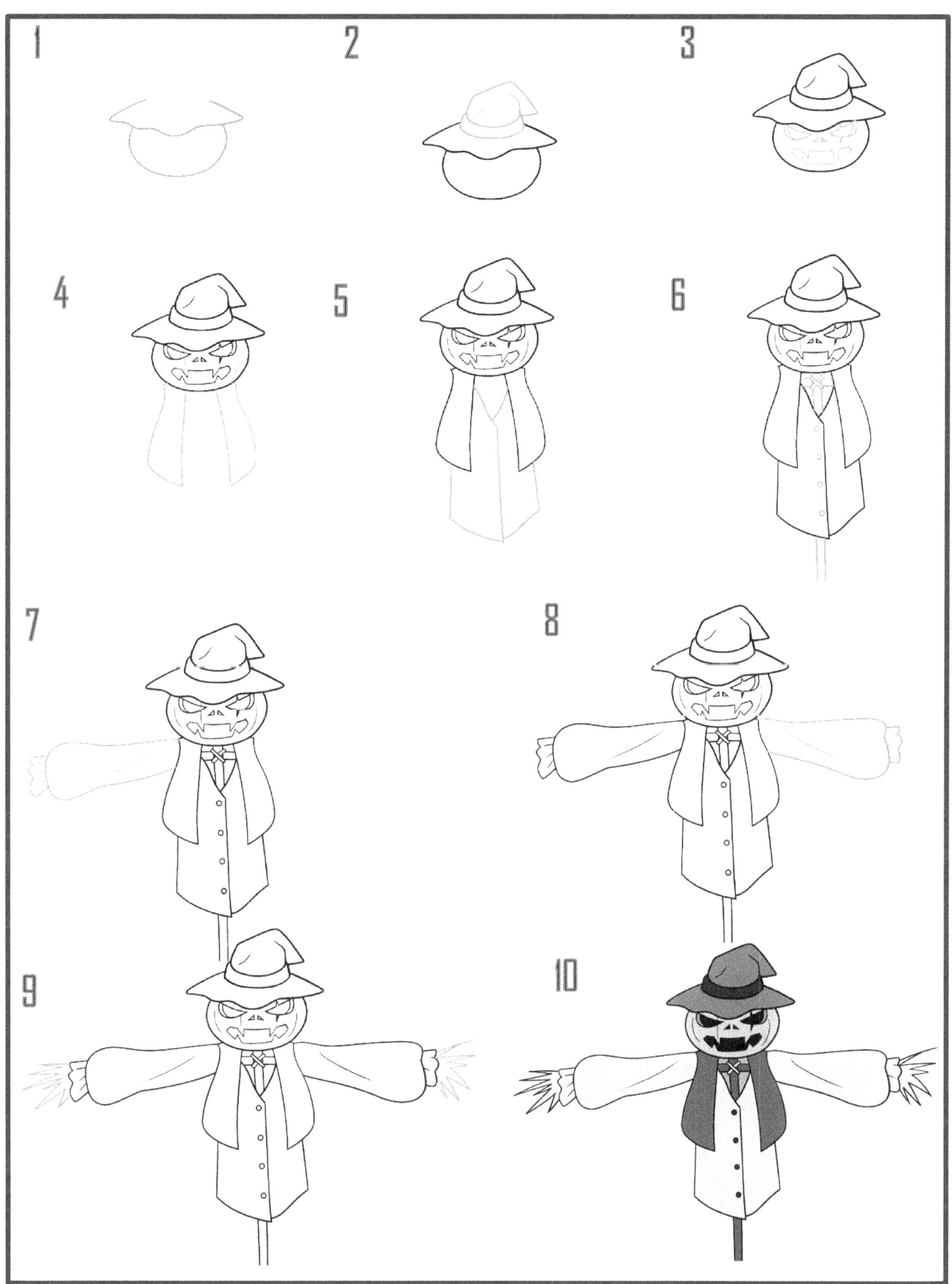

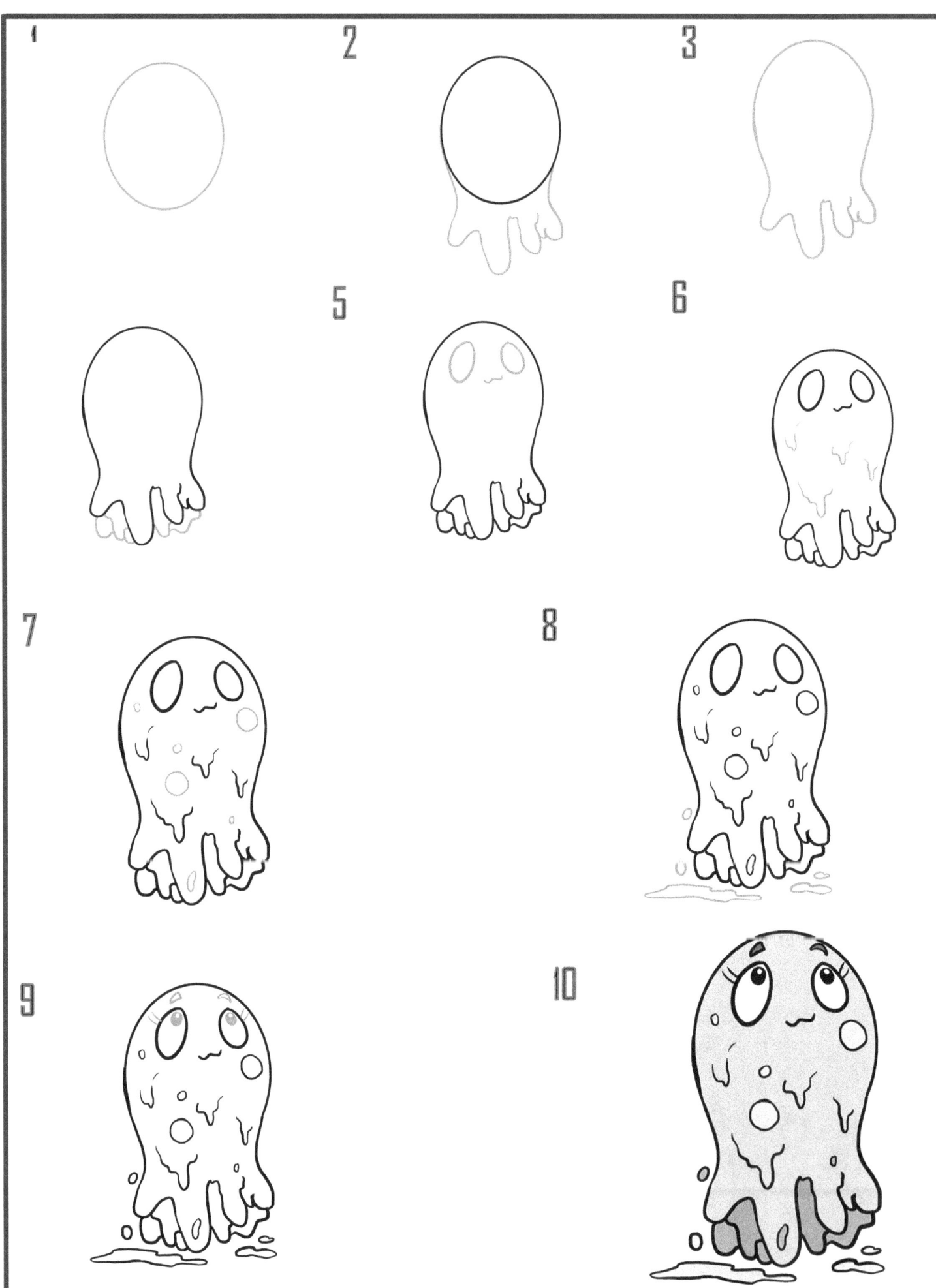

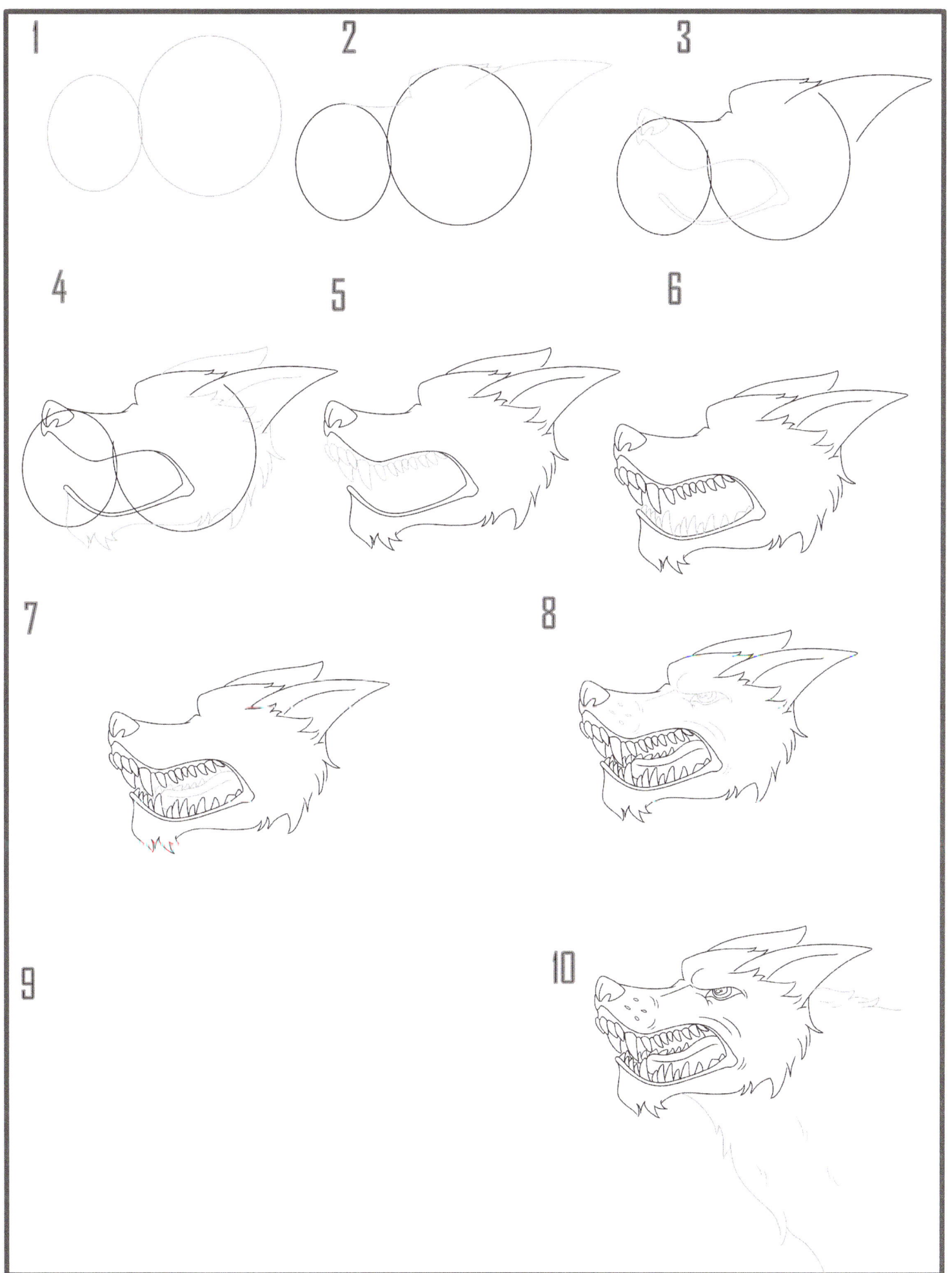

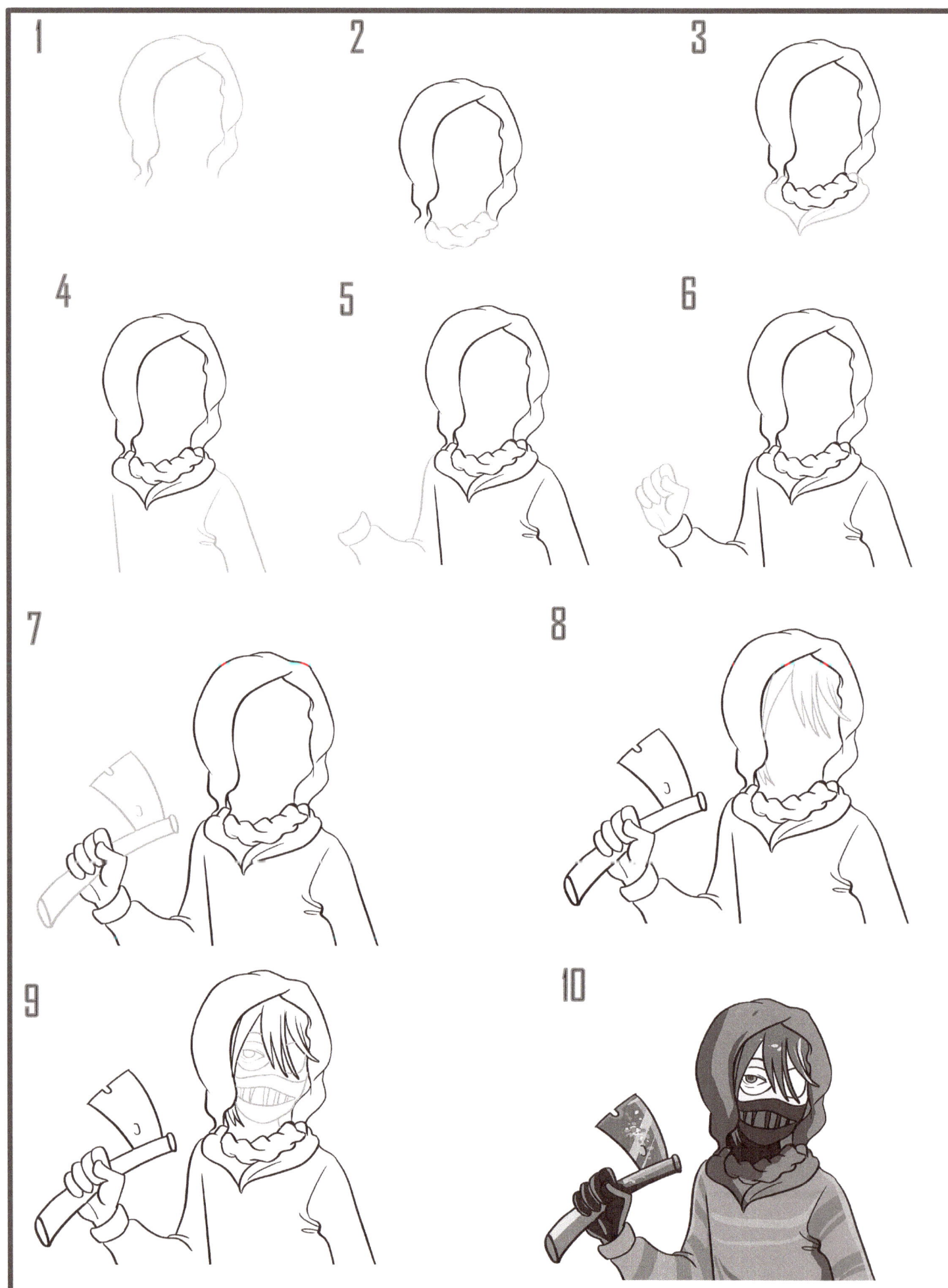

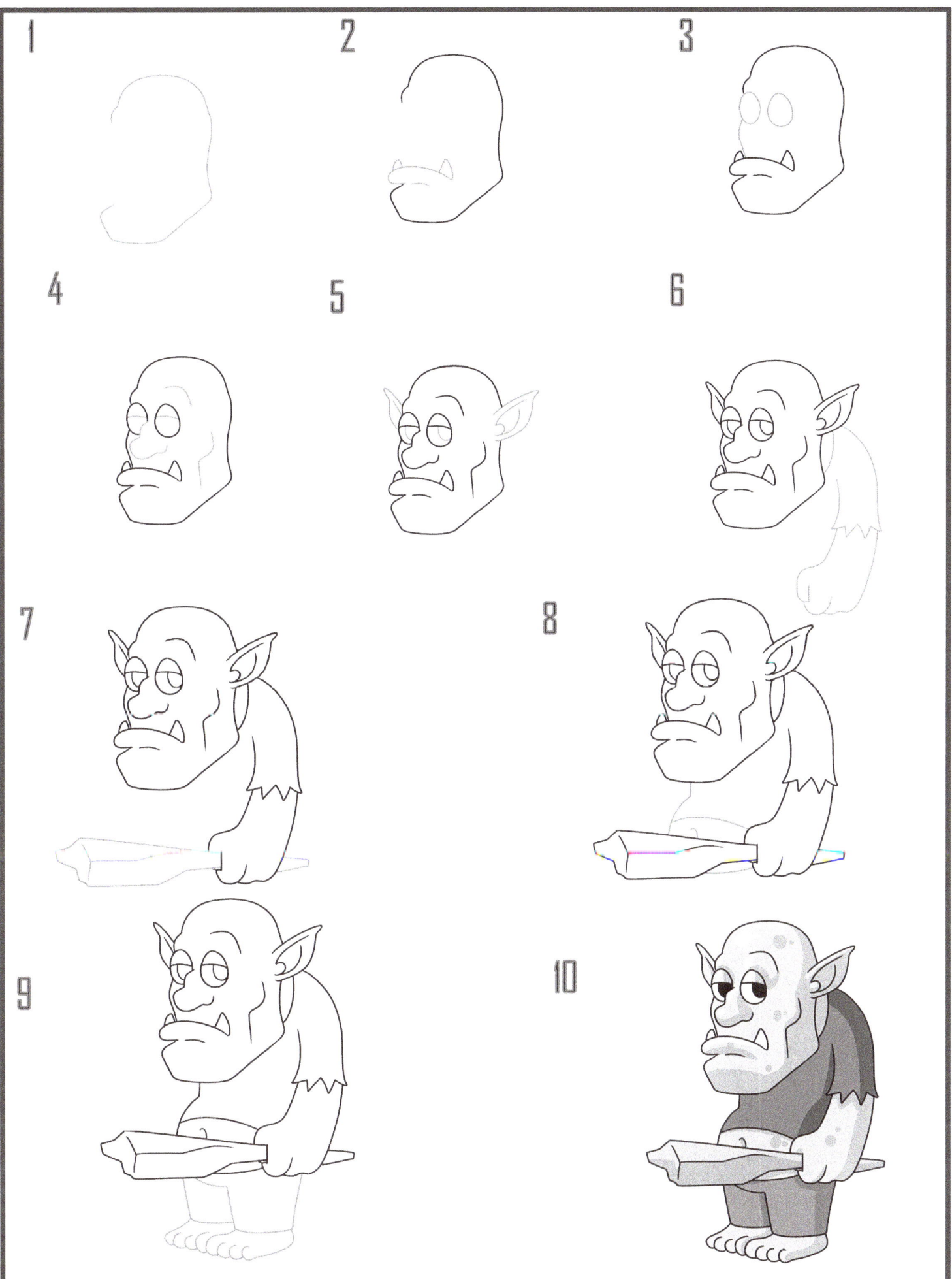

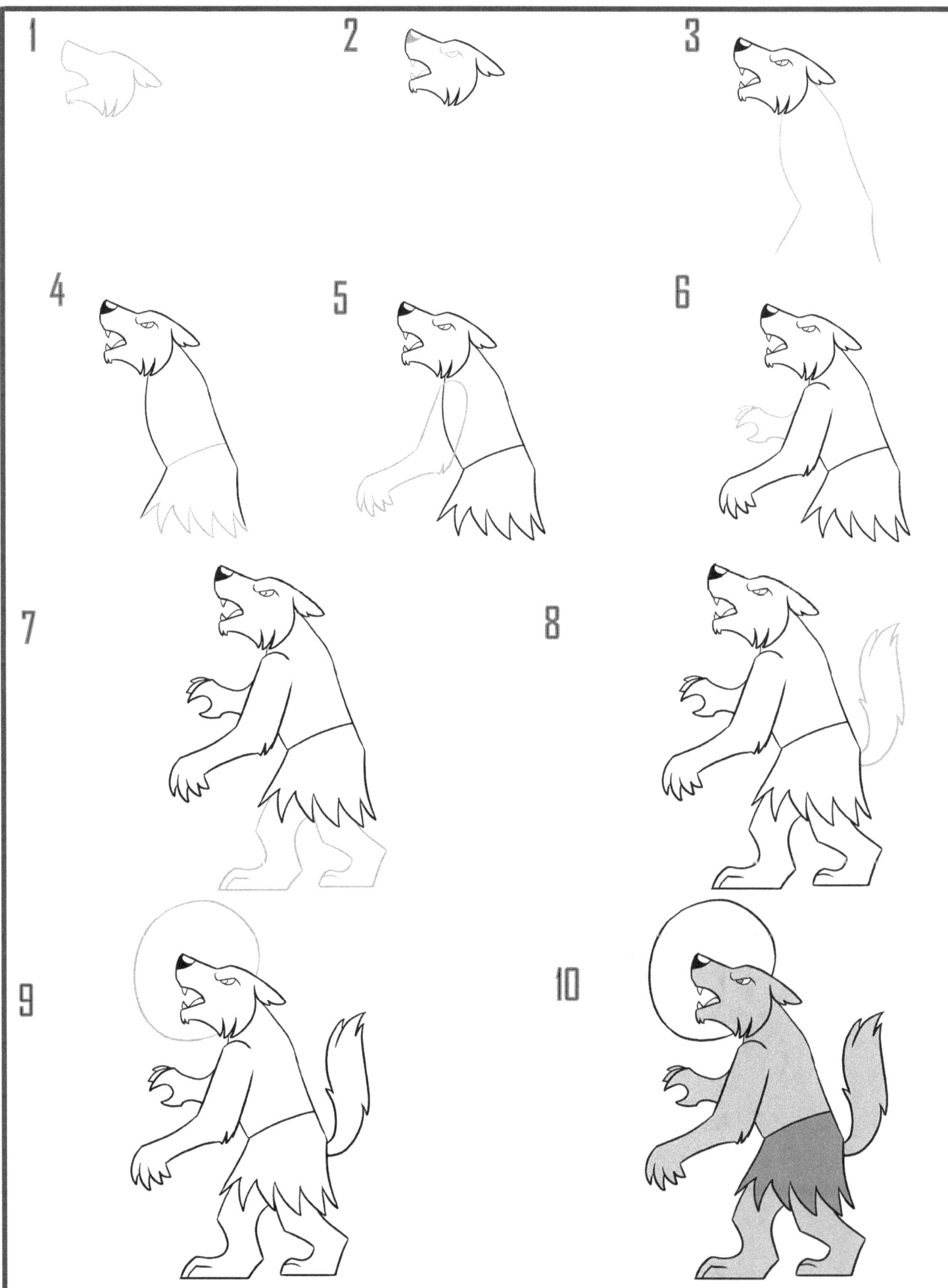

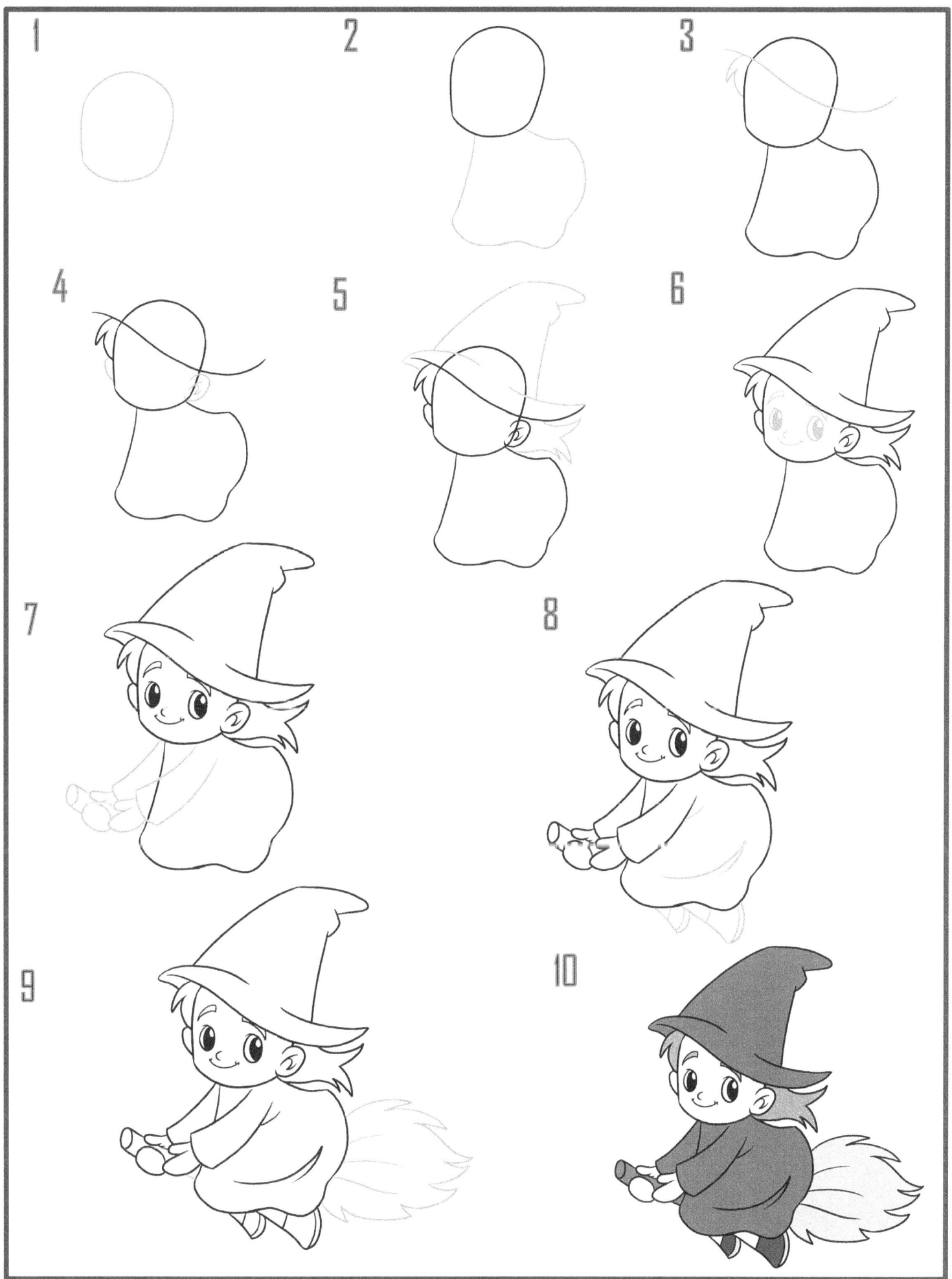

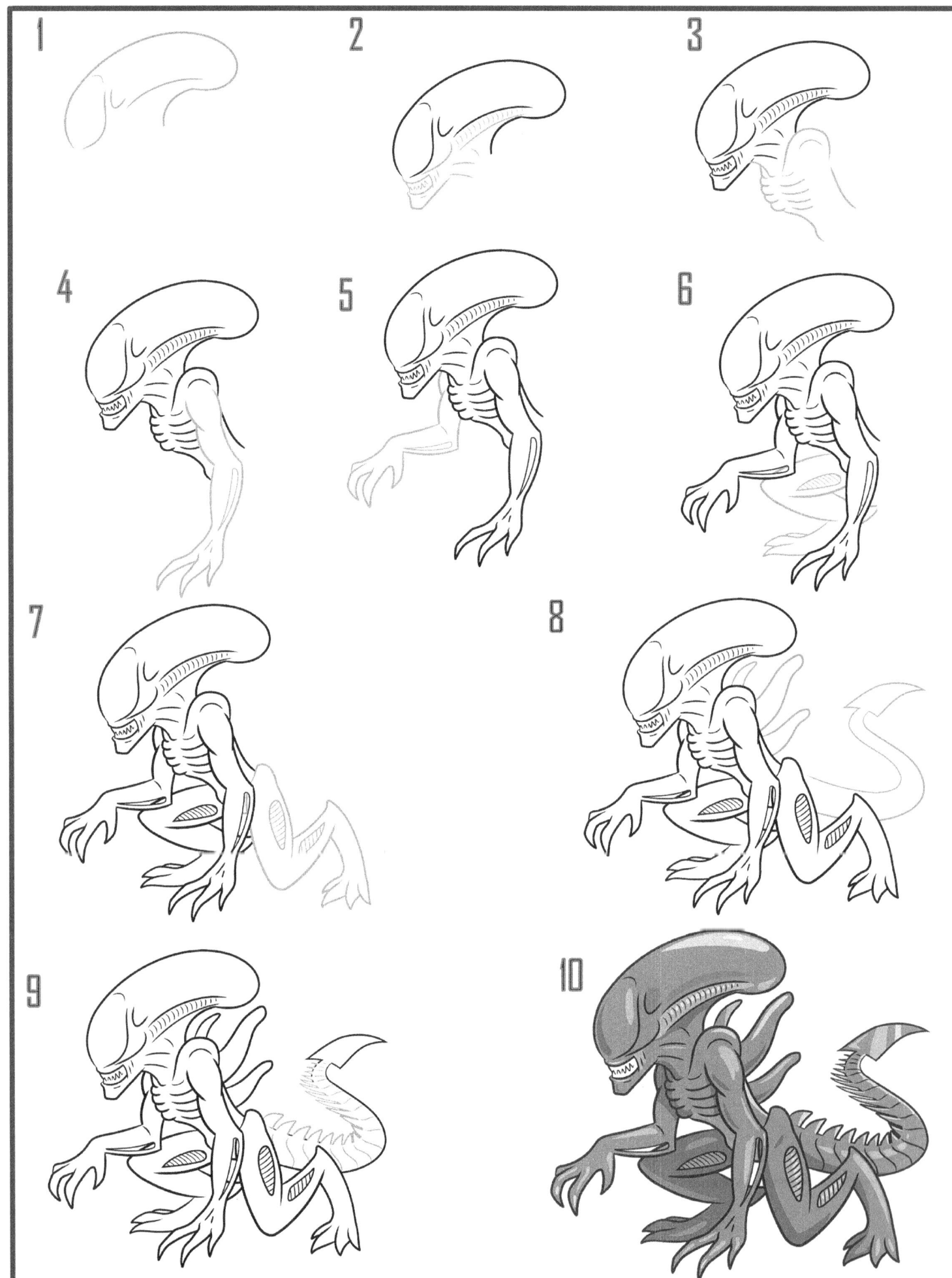

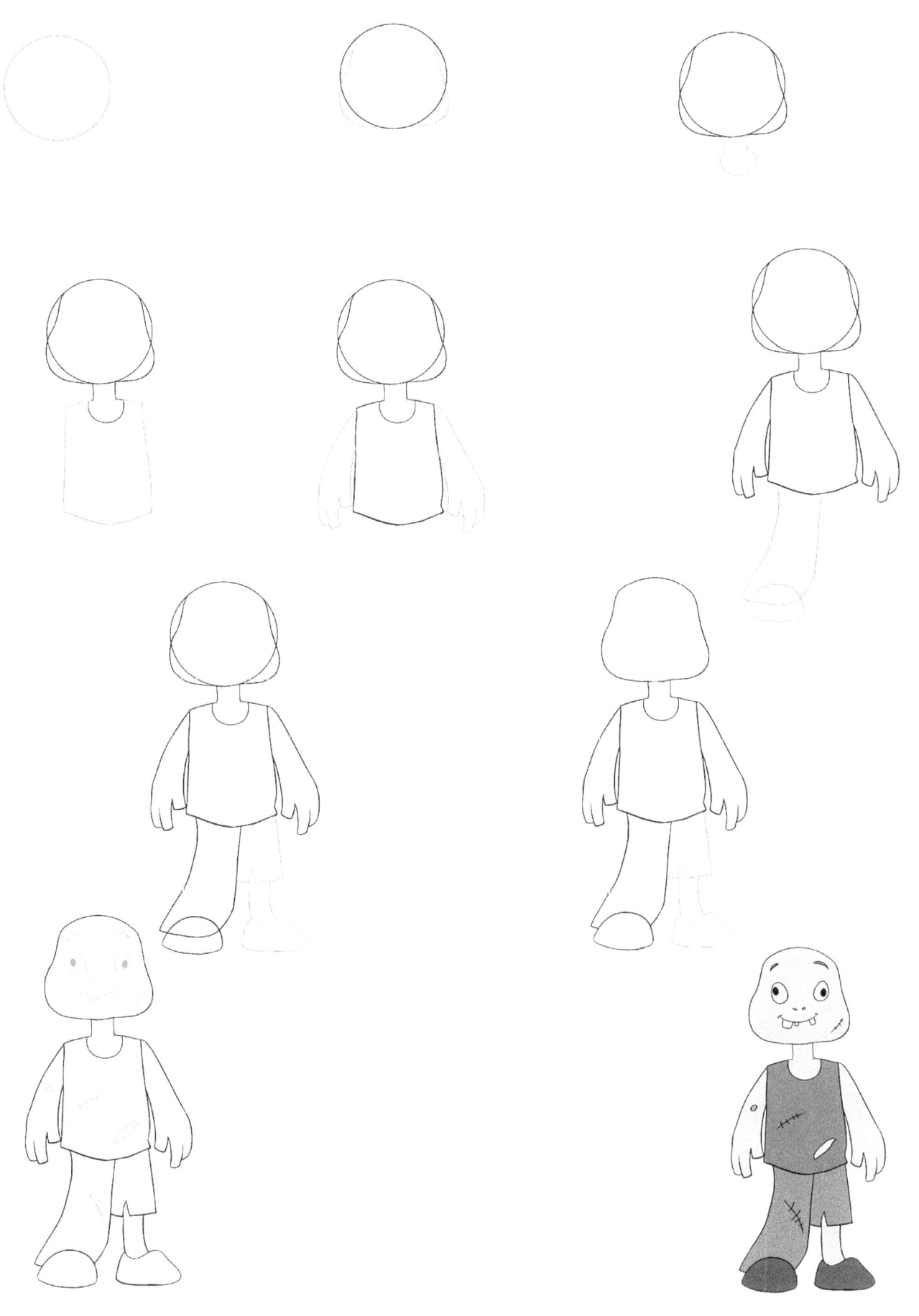

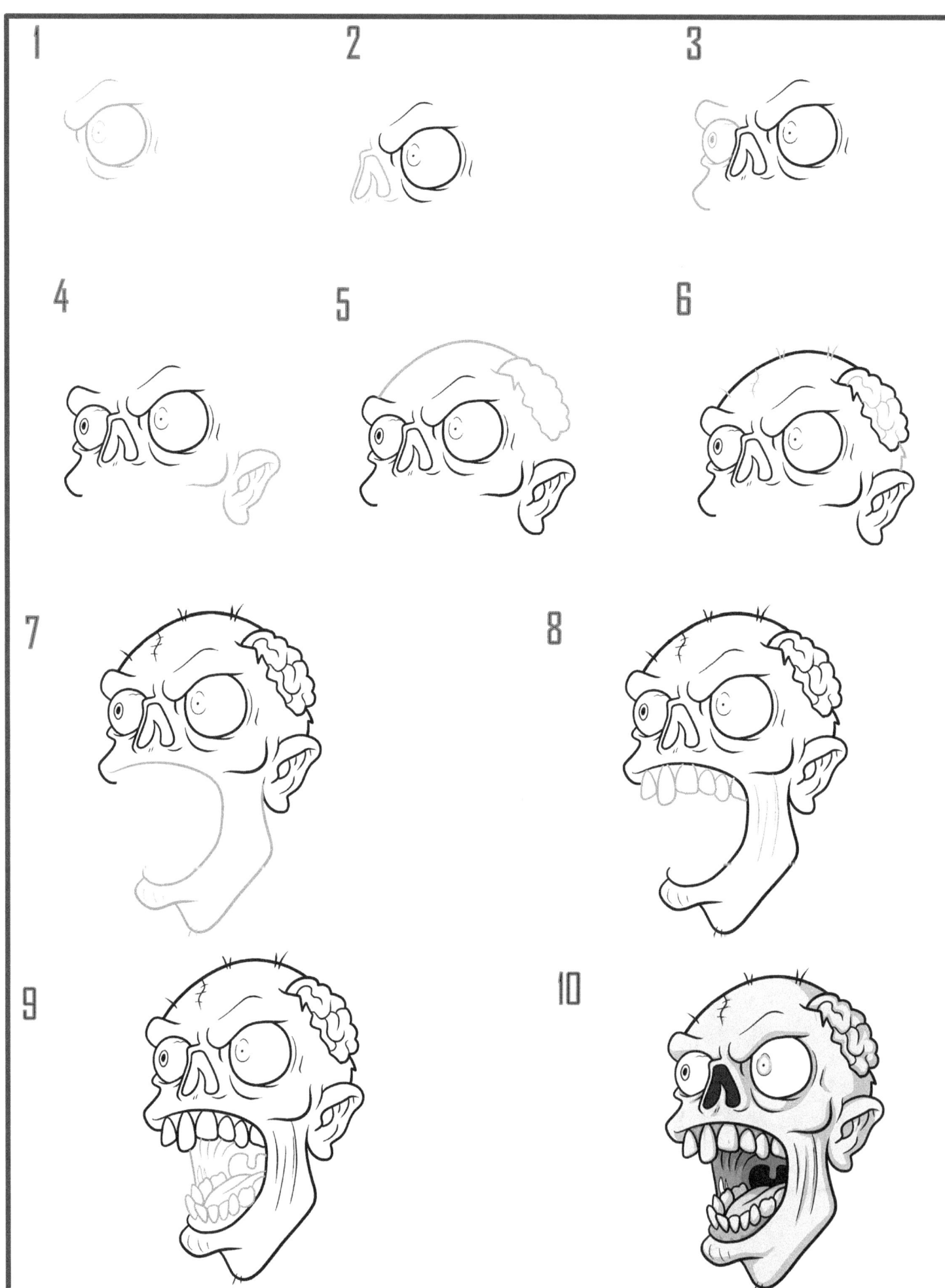

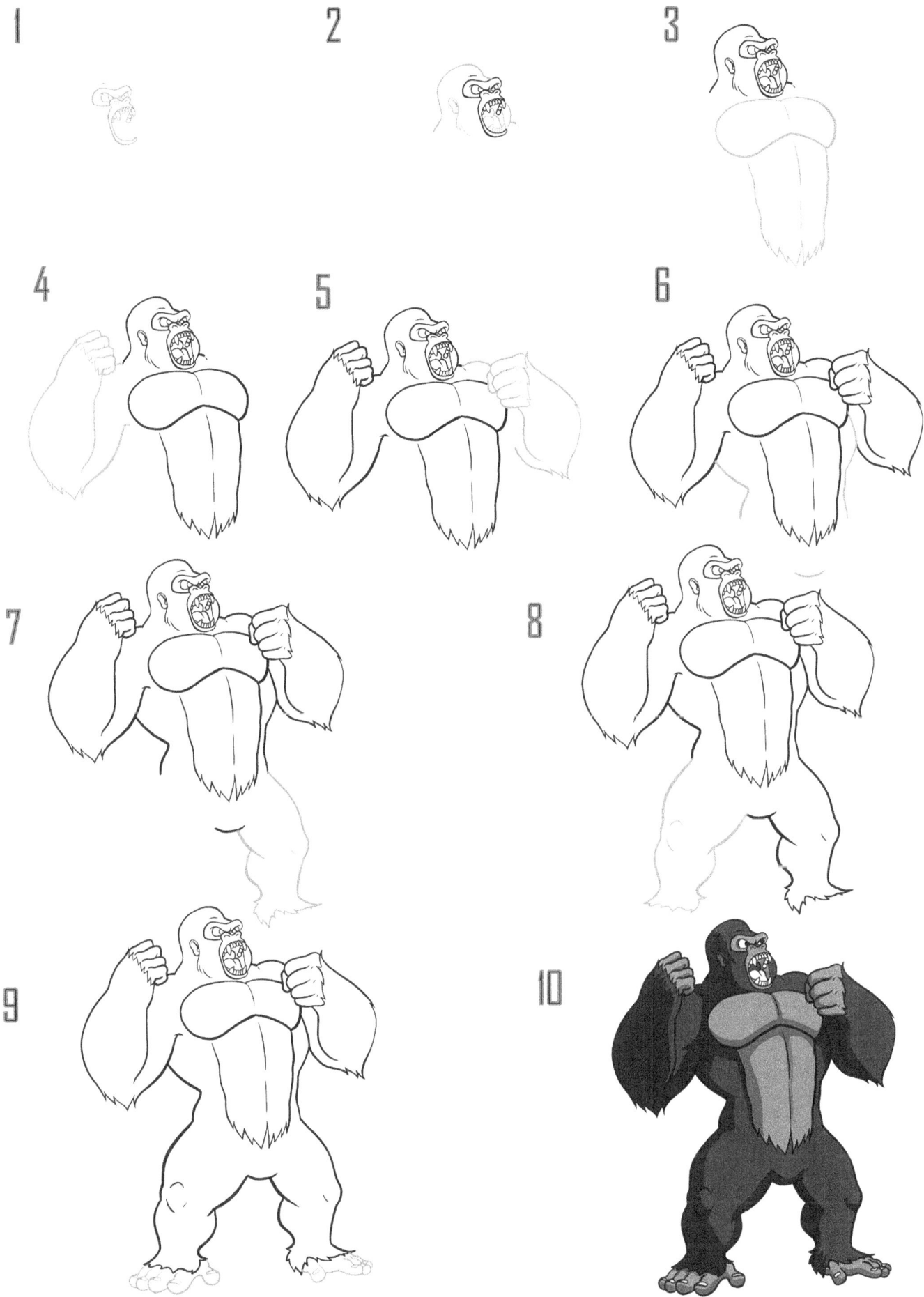

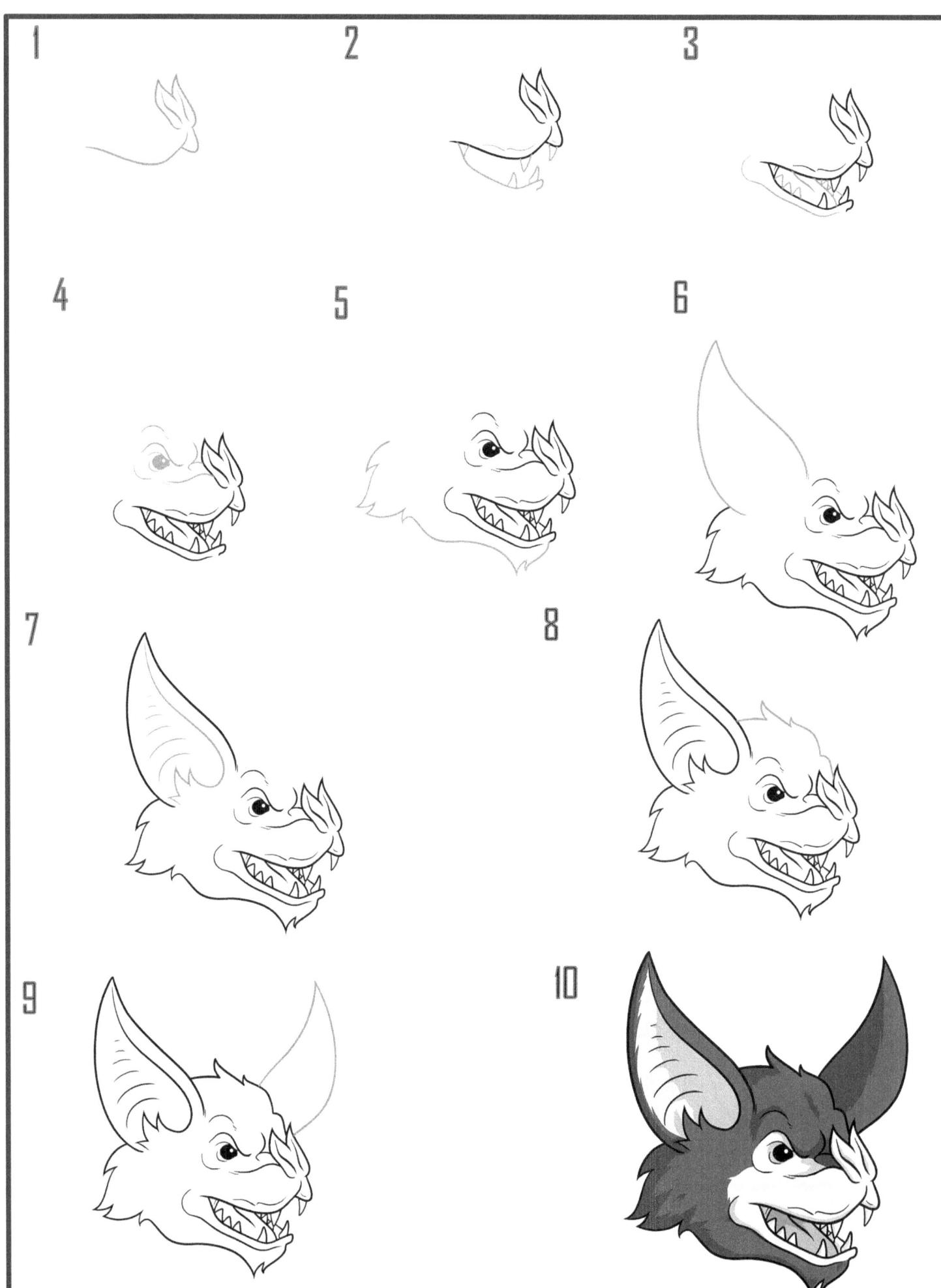

NAKHSA KATSUHITO

Vielen Dank, dass Sie mein Buch bei Amazon gekauft haben. Ihre Unterstützung und Ihr Interesse an meiner Arbeit bedeuten mir sehr viel. Als Autor und Verleger ist es mein Ziel, ansprechende und lohnende Leseerlebnisse zu schaffen. Ihre Entscheidung, in mein Buch zu investieren, bestätigt meine Bemühungen und ich bin Ihnen wirklich dankbar.

Ich bitte um Ihre Hilfe bei der Veröffentlichung meines Buches. Ihre Kommentare sind nicht nur für mich, sondern auch für andere Leser wertvoll. Wenn Ihnen das Buch gefallen hat, hinterlassen Sie unbedingt eine positive Bewertung auf Amazon. Ihre Meinung kann einen erheblichen Einfluss haben und potenziellen Lesern helfen, die von mir geschaffene Welt zu entdecken.

Vielen Dank, dass Sie Teil meiner Schreibreise sind. Ihr Enthusiasmus und Ihr Engagement inspirieren mich, weiterhin Geschichten zu schreiben, die bei Lesern wie Ihnen Anklang finden. Ich bin wirklich dankbar für deine Unterstützung.

Beste grüße,

www.ingramcontent.com/pod-product-compliance
Lightning Source LLC
Chambersburg PA
CBHW082218290526
45794CB00009B/3589